ルールメイキング

ナイトタイムエコノミーで実践した社会を変える方法論

齋藤貴弘

学芸出版社

はじめに——イノベーションとルールメイキング

既存フレームワークの外で起きるイノベーション

イノベーションのボトルネックは、もはやテクノロジーではなく「法規制」であると言われて久しい。それまでの事業や産業を量的に拡大させるのではなく、質的に転換させるのがイノベーションである。経済学者ヨーゼフ・シュンペーターが強調するように、イノベーションの本質は非連続性にある。それまでのサービスを連続的に改善させるのではない。それまでの前提を変え、常識や価値観さえも覆し、質的に転換してしまうのがイノベーションなのである。その意味でイノベーションは既存フレームワークの外で起きる。

たとえば、既存の産業構造を180度転換しようとするシェアリングエコノミーは、既存フレームワークの外で起きているイノベーションの典型例であろう。

これまでは、事業者が消費者にサービスを提供するというのがビジネスの基本構造であった。ホテルと宿泊客、タクシーと乗客、レストランと客、いずれも事業者と消費者は分離し、固定されている。いわゆるBtoCのビジネスモデルであり、我々消費者が受けるすべてのサービスが基本的にこの構造となっている。

これに対して、シェアリングエコノミーは、BtoCをCtoCに大きく転換し、事業者と消費者の壁を壊して流動化させる。従来、サービスの受け手だった消費者がサービスの提供も行う。自宅がホテルに、自家用車がタクシーにというように、使っていない個人の所有物やスキル、金を商品やサービスに転換しようとするものである。

サービスの構造転換を目指すのがシェアリングエコノミーであり、まさに既存フレームワークから外れたところで起きるイノベーションである。

そして、ここで言う既存フレームワークとは、既存産業あるいは既存ビジネスモデルにとどまらず、法規制も含む。法規制は既存の産業やビジネスモデルに合わせて設計されている。そのため、既存フレームワークの外で起きるイノベーションは、既存の法規制に適合しない可能性が構造的に高い。つまり、イノベーションは常に法規制との緊張関係に置かれかねないし、イノベーターは常にアウトサイダーになりかねないのである。

シェアリングエコノミーの例で続ける。従来のＢtoＣのビジネスモデルでは、Ｂ（事業者）側を業法で規制することでＣ（消費者）の保護を図っている。ホテル事業者は旅館業法に、タクシー事業者は道路運送法に、レストラン事業者は食品衛生法によりそれぞれ規制されている。いずれの法律も、営業を許可制にして参入障壁を設けるとともに、営業許可を取得した事業者に対して遵守すべき事項を詳細に定めている。これが事業者を規制する業法による規制スキームである。

事業者が消費者に対して情報面、資金面で圧倒的優位な立場にあることから、事業者に重い責任を負わせ、消費者保護を図ることがその趣旨である。つまり、当事者の力関係の非対称性のバランスを法規制でとろうとするのが業法的な考え方である。

これに対してCtoCのシェアリングエコノミーは、事業者と消費者という対立構造を前提にするものではない。消費者間取引ゆえに業法による規制になじまないし、むしろ業法規制と真っ向から対立する。既存の法規制スキームと適合しないのである。

一方、シェアリングエコノミーはいわばプロの事業者が提供するサービスを素人間で提供しあうものであり、業法が想定するような、さまざまなリスク要因が懸念されるのは事実である。素人が客を車に乗せて移動させることに安全上のリスクは？ 自宅に泊まらせることのリスクは？ 素人が食品を提供することのリスクは？ そこで、素人間取引を前提とするCtoCモデルのシェアリングエコノミーにおいていかに取引秩序を守っていくかが、各種サービスを成長させていくにあたって大きな課題となる。

事業成長期に立ちはだかるルールの壁

イノベーションは、既存のルールから外れた領域で生まれやすい。そのような領域は法的にはグレーゾーンだが、イノベーションの源泉である。イノベーションの黎明期は、ルールよりもクリエイティビティ、行動力、情熱が重視されるカオティックな状況であり、ある種の実験場でもある。

そして、イノベーションが黎明期を経て、事業として成長していく段階になると、ルールの壁が大きく立ちはだかる。事業規模が大きくなるほど法的リスクは高まり、社会へのインパクトが強まるほどさまざまな批判にも晒される。また、事業としてスケールしていくための資金調達、さらには事業パートナーの獲得は、法的な曖昧さが大きな障壁になる。法的にグレーな状態ではスケールが難しい。0→1のイノベーションを1→10の事業として実装し、10→100の産業に成長させていくためには、イノベーションに法規制を対応させるルールメイキングが必須となる。

しかしながら、ルールメイキングは産業構造やビジネスが変化するスピードに追いつけず、両者の差は広がるばかりである。ルールがイノベーションのボトルネックであると指摘される所以である。その意味で、本来イノベーションはルールメイキングとセットで検討されなければならない関係にあるのである。

ルールメイキングの新しい担い手と方法

このようにテクノロジーの進化、あるいはライフスタイルやビジネスモデルの変化に対して既存の法律が適合しなくなり、法規制への対応の必要性がさまざまな領域で議論されるようになって久しい。法律を妄信的に守るのではなく、創造的に法解釈を行い、場合によってはルール自体を変えていかなければならない、という類の議論である。ルールメイキングの必要性については、すでに多くの識者が指摘しており、本書ではそのような議論に多くのページを割くつもりはない。

今、必要なのは実践である。ルールメイキングというマインドセットを持ち、実践を通じて成功体験、あるいは失敗体験を積み重ねていくことである。そして、そのような実践に基づく知見を集約して研究を深め、具体的・体系的な方法論をナレッジ化していくことである。

そのような観点から、本書はルールメイキングの実践を促すことを目的としている。実行者（Doer）のための本である。そして皆が実行者になることができるし、なる必要がある。当初、本書のタイトルを『ルールメイカーズ』（ルールメイキングを実践する人たち）にすることを検討していた。これは、クリス・アンダーソン著『メイカーズ』（関美和訳、NHK出版、2012年）から着想を得たものである。3Dデータやオープンソース・デザイン等によってものづくりの方法が変わった。ものづくりが工場から大衆に解放され、製造業の担い手が工場を持つ企業からアイデアを持つ者すべてにシフトしていく。小規模だが尖ったプロジェクトの方が感度の高い人々に注目され、画一的な大量生産品の市場とは異なる新たな市場を開拓することになる。いわゆるメイカーズ・ムーブメントである。

このようなメイカーズ・ムーブメントが提唱するものづくりのオープン化、民主化への流れはルールメイキングにもそのまま当てはまる。

右肩上がりの高度経済成長期においては官僚主導で政策決定を行うのが効率的であろう。トップダウンで決められた政策やルールに従い、右向け右で一斉に動けばよい。しかしながら、インターネットによって誰もがさまざまな情報に接するようになり、シェアリングエコノミーの例のように産業構造は大きな転換を迎え、複雑さを増し、またかつてないほどのスピードで変化している。これまでのようなトップダウンのやり方ではもはや適切なルールメイキングは困難であり、必然的にルールメイキングの担い手ややり方を大きく変えていかなければならない。

ロビイング2・0の時代の始まり

ルールを変えるために必要なのは、ルールメイキングのやり方を変えることである。

ルールを変えるやり方として、ロビイングが知られている。大きな組織的基盤があり、資金も潤沢な企業や業界がイニシアティブをとり、マスメディアでのプロモーションや政治家とのネットワークを活用しながら、ときに専門のロビイストを雇って強力に政治的働きかけを行う。

「女神の見えざる手」（2016年、アメリカ）という銃規制法案をめぐるアメリカのロビイストをテーマにした映画があるが、ロビイングはこの映画のイメージに近いであろうか。敏腕ロビイストをめぐって巨額の金が動き、法律すれすれのあらゆるロビー活動が展開される。ロビイストは極限のワーカホリック状況のなかで常に先を読み、相手の裏をかき続けて知略の限りを尽くす。勝つことがすべての熾烈な世界。そのようなロビイストの数はアメリカに3万人以上。ワシントンD.C.のホワイトハウスの北側にある「Kストリート」には、ロビイストの会社が名を連ねる。登録しなければ事業ができない規制業種である。もちろん映画ゆえの過剰な表現はあるであろうが、脚本は元弁護士で、11人のロビイストにインタビューし、ロビー会社の監修を受けてリアリティを追及しているという。

このようなロビー活動ができる企業は、大きな産業基盤や豊富な資金力があるのが前提となる。しかしながら、既存の産業を破壊し、新しい産業を創出しようとするイノベーターたちは、業界としてまとまっておらず、政治家とのネットワークもなく、資金力もない。要するにルールメイキングに向けたリソースを構造的に持ちえない。未来の産業を創出しようとするイノベーターたちこそ、もっともルールメイキングが必要な立場にあるが、そのためのリソースがないというジレンマに陥ってしまう。それゆえ、このようなジレンマを回避し、イノベーションをスケールするための新しいルールメイキングの方法論が必要とされる。

既存業界のイニシアティブによる旧来型のロビイングを「ロビイング1・0」とすれば、今必要なのは、イノベーションを社会実装するための公益的でオープンプロセスなルールメイキング、つまり「ロビイング2・0」へのアップデートである。ロビイング2・0は、7章で紹介する「パブリック・ミーツ・イノベーション」（PMI）代表の石山アンジュさんにより提案された考え方である。PMIは、2018年10月に設立されたミレニアル世代を中心とした国家公務員やイノベーター（主にスタートアップ企業）らが協働して、イノベーションに特化した政策の立案を目指す一般社団法人である。

ルールが変われば産業もアップデートされる。逆に言うと、産業を大きくアップデートする、あるいは新産業を創出するためにはいかなるルールメイキングが必要なのか、という逆算的な視点でロビイング2・0の具体的手法を検討していくべきだろう。

風営法改正からナイトタイムエコノミー政策立案へ

本書は、このような視点で新しいルールメイキングに対しての問題提起を行い、実践の叩き台にしようとするものである。

本書では、風営法の改正と、続くナイトタイムエコノミー政策の立案を題材にしているが、それらを各論として論じるものではない。これらを題材にして、総論としてのルールメイキングの方法論について考察することを目的としている。

私にとって、風営法改正、およびナイトタイムエコノミー政策立案に関わり、その分野で多くの知見を得ることができたことはそれ自体、非常に有益なことである。しかしながら、より有益だと思っているのが、法改正から政策立案までのすべてのプロセスを体験できたということである。政策アジェンダ設定、法改正、法改正後の政策立案等の各ステージで実践したルールメイキング・プロセスからは、異なる分野でも応用可能な方法論のエッセンスが抽出できると感じた。本書では、法改正から政策立案までのプロセスで得た経験を語るだけではなく、汎用可能な形で言語化・概念化し、応用可能なナレッジとして抽象化しようと試みている。

とはいえ、私は、ロビー活動の経験があったわけでもなく、公共政策学の勉強を専門的にしてきたわけでもない。風営法改正からの一連の動きは、手探りで道なき道を歩く試行錯誤の連続であった。ゆえに体系的な整理や言語化、概念化も不十分であり、我流の部分が多分にある。しかし、レッツダンス署名運動、ダンス文化推進議員連盟、規制改革会議、ナイトタイムエコノミー議員連盟といった活動のすべてに関わり、事業者の方々に負けないくらい真剣に、自分事としてこの問題を考え、体を動かしてきたつもりでいる。本書は、自分自身が体験した一次情報を、これからのルールメイキングに役立つよう、自分なりの視点でまとめた実践のための本である。

もちろん、風営法改正の経緯、ナイトタイムエコノミー推進に向けたこれまでの動き、今後の展望などについてもできる限り詳しく紹介している。ルールメイキングに関心はないがナイトタイムエコノミーについて知りたいという方にも参考になる最新の情報が多く含まれている。

ナイトタイムエコノミーに関するこれまでの議論は、観光、都市開発、エンターテインメント、治安維持と極めて多岐にわたる。海外の主要都市は夜間活用に向けて国際的な都市間競争の渦中にある。最先端の情報にアクセスするために、ナイトメイヤー（夜の市長）といった海外の夜間産業のリーダーとのネットワークづくりも進めてきた。

ナイトタイムエコノミーの取り組みは現在進行形である。さまざまなステークホルダーと協働しながらオープンプロセスでルールメイキングの方法論を実践してきたのが風営法改正、そしてナイトタイムエコノミー政策の立案である。今後もその方法論は変わらない。より一層多様な人々に参加してもらい、一緒にナイトタイムエコノミーを推進していくことを目指している。本書が、ルールメイキングやナイトタイムエコノミーの変革にさらに多くの方々に参画してもらう一つのきっかけになれば幸いである。

目次

1章　新しいルールメイキング——70年前に制定された風営法の改正

1　アジェンダ・セッティングの重要性

解決される問題と無視される問題

社会は無数の問題で溢れかえっている。本来であればすべての問題が政策課題として取り上げられ、解決されていくべきであろう。しかしながら実際にはそんなことはなく、政策アジェンダに載り解決されていく問題と、無視され切り捨てられていく問題がある。

フィンテック（FinTech）やキャッシュレス、生産性革命、AI活用、外国人材活用、次世代モビリティシステム等のデータ駆動型社会など、政策アジェンダに載ったテーマについては、その政策動向について度々報道され、我々は日々考えたり議論したりする。しかし、政策アジェンダに載らなかった問題については議論の対象にすらならないことが多い。

問題を政策で解決する流れは、公共政策学において、①アジェンダの設定、②政策案の策定、③政策の決定、④政策の実施、⑤政策の評価というプロセスに整理されるが（秋吉貴雄著『入門公共政策学』中公新書、2017年）、従来の公共政策学の議論は②以降を対象にしていた。すでに政策アジェンダとして取り上げられている問題について、どのように解決すべきかという議論である。

しかしながら、政策アジェンダに載らなければ当然ながら政策として解決されることはない。

問題をいかに解決するかという議論の前に、問題をいかに政策アジェンダに載せるかを検証することは実は極めて重要である。なぜそれが問題として取り上げられたのか？　取り上げられる問題と無視される問題の違いはどこにあるのか？　このような問いが、1980年代に政治学者ジョン・キングダンによって投げかけられた。これがアジェンダ・セッティングの問題である。

本来解決すべき重要な問題が政策アジェンダとして認識されず、放置されている可能性があることをまず認識しなければならない。問題を発見し、それを解決すべき問題として具体的に定義し、政策アジェンダに載せていくにはどうすればよいか。その答えを風営法の改正を題材に考えてみたい。

なぜ、風営法は政策アジェンダに載ったのか

本書で題材にしている風営法（風俗営業等の規制及び業務の適正化等に関する法律）は1948年に制定された法律である。詳しくは後述するが、明らかに時代にそぐわなくなっている規制が多く含まれている。しかしながら、風営法ダンス営業規制は2013年のダンス文化推進議員連盟（以下、ダンス議連）発足に至るまで政策課題として取り上げられることはなかった。政策アジェンダとして無視され続けてきたのである。

法規制は、立法当時の立法事実に則って行われる。立法事実とは、立法の必要性や正当性を根拠づける事実を言う。何らかの法規制をするためには理由が必要である。なぜその規制が必要な

のか、ということが当時の社会的事実に基づいて合理的に説明できなければ法規制を課すことは許されない。

しかし、立法事実は時代とともに変化していく。立法事実が変化し、法規制が合理性を失ったとしても、一度制定された法律は、廃止ないし失効しなければ残り続ける。自動的に法改正がなされることはない。法律が時代にそぐわなくなっているということが政策アジェンダに載り、法改正がなされなければならないのである。

風営法は、なぜこんなにも長い間、政策アジェンダとして取り上げられなかったのか？ そして法制定から70年近く経過した今、なぜ政策アジェンダとして取り上げられたのか？

何か幸運な偶然の積み重ねがあって政策アジェンダに取り上げられたわけではない。そこには、風営法を政策アジェンダに載せるためのプロセス、つまりアジェンダ・セッティングに向けた明確な戦略とアクションがあった。

2 なぜ、風営法は70年間、改正されなかったのか

70年前に制定された風営法

2010年末ごろだったと思う。大阪・アメリカ村（若者文化を発信する店舗が集まる西心斎

橋エリア）を中心にクラブの摘発が強化され、多くの逮捕者が出ているという情報を友人経由で知った。その後、クラブの摘発は、大阪から京都、福岡、東京へと全国的に拡大していき、多くの逮捕者を出し、クラブを閉店に追い込んでいった。

クラブ摘発の罪名は、風俗営業等の規制及び業務の適正化等に関する法律、略して風営法違反である。弁護士としてさまざまな法律を取り扱ってきたが、風営法はほとんど馴染みのない法律である。クラブがなぜ、同法の規制対象である「風俗営業」なのか、なぜ風営法により摘発されているのかすらも直ちに理解することができなかった。

調べてみると、風営法は「客にダンスをさせる営業」を風俗営業として定義し、営業するには公安委員会の風俗営業許可が必要だ。許可を取得するにはさまざまな条件がある。許可が取得できる地域は厳しく限定され、店内の構造や設備にも細かな規制が多く存在する。そして、許可を取得したとしても深夜12時（例外的に午前1時の地域もある）以降の営業は禁止されている。これらに違反した場合には2年以下の懲役、２００万円以下の罰金が課せられる可能性がある刑法犯である。

深夜12時ないし1時までのクラブ営業が経営的に成り立つはずがなく、多くの店舗が営業許可を取得せず飲食店として営業するか、あるいは営業許可を取得して時間外営業を行うことが常態化していた。すなわち、日本ではクラブ営業は法的に認められておらず、ほとんどすべての事業者が違法営業を強いられていたのである。

風営法の制定は1948年とかなり古い。戦後の混乱期、日本の女性は貧しく、欧米からダンスを含む新しい文化が流入し、ダンスを媒介とした売春の斡旋が行われていたという。そのような時代背景のもと、売春の温床になりがちな「客にダンスをさせる営業」を接待営業や麻雀営業とともに風俗営業として規制したというのが風営法制定の経緯である。

法規制と実態の乖離

しかし、時代は移り変わり、ダンスの意味も大きく変わった。子どもからお年寄りまであらゆる層がダンスを楽しんでいる。世界中でダンスミュージックのフェスティバルは動員を伸ばし、カリスマ的なＤＪやプロデューサーが多数誕生し、ＤＪの年収ランキングは数十億円規模と、ダンス産業は巨大なエンターテインメントビジネスに成長している。

クラブやディスコについても、１９６０年代に三島由紀夫ら文化人が出入りしていたといわれる赤坂の「ＭＵＧＥＮ」に始まり、バブル時代のディスコブームや、１９９０年代以降に大きな盛り上がりを見せたクラブカルチャーを経て今日に至るまで、時代の空気を先取りした多種多様な文化を生みだす装置として機能してきた。ダンスが市民権を得た現在、ダンスという言葉を聞いて売春をイメージする者は皆無であろう。

それにもかかわらず、70年近く経ても風営法ダンス営業規制が抜本的に改正されることはなかった。不特定多数の男女が身体を合せるダンスをいかがわしいとする価値観に基づく法規制はそのまま残り続けたのである。
調べれば調べるほど、あまりに実態と乖離した法規制が残ってしまっていることに愕然とした。そして、なぜ今まで時代に合わせた法改正がなされなかったのか、大きな疑問が湧いた。

クラブ業界が問題提起できなかった背景

実際、かつて何度か法改正に向けた動きはあったようであるが、実現しなかった。その結果、クラブ事業者は法的に曖昧な状況に置かれることになった。多くの店舗が、風俗営業ではなくバーと同じ深夜酒類提供飲食店として営業し、客にダンスをさせないようにした。また目立った営業も控えるようになり、過大な広告は避けられた。事業を拡大することも躊躇しなければならなかった。

また、騒音や喧嘩などの問題が起きない限り、警察も厳しく取り締まることはしなかった。事業者は問題を起こさないように注意深く営業するようにした。違法であるが、問題を起こさない限り摘発はしないというある種の秩序や均衡が規制当局との間に成り立っていた。とはいえ、度々、警察からの摘発や店舗への立入りはある。クラブの経営者は、週末の夜はいつも、店舗から警察の立入りを告げる電話が来ることを心配し枕を高くして寝られなかったと、ある事業者から聞いたことがある。

このような状況では当然ながら、事業者が法改正に向けて声をあげることなどできないであろう。法改正に向けて動けば、警察との間に存在するある種の秩序や均衡を崩すことになりかねない。目立つようなことはせず、日々の営業を安全かつ平穏に行うのに最善を尽くすほかない。

しかしながら、2010年からの大規模一斉摘発により、均衡の上に成り立っていた業界秩序は大きく崩れ去った。ただ、それでもなお、摘発の嵐が収束するまでただ耐え凌ぐというスタンスの事業者がほとんどだった。騒音や喧嘩等の問題を抱えるクラブ側が権利など主張せずに反省すべきであるという事業者もいた。この時点ではまだ、クラブ業界から風営法の問題点に対して声があがることはなかった。業界内では風営法はそこまで根強いタブーだったのである。強い規制下に置かれた業界構造が、業界側から風営法に対して問題提起をすることを著しく困難にしていたのである。

3　風営法への問題提起と広がる議論

ミュージシャンから弁護士へ

ではなぜ、風営法ダンス営業規制が「問題」として認識されるようになったのか。潮目を変えたのは、外部要因によるものであった。

クラブの摘発が続く2011年3月、ダンスミュージック専門誌『FLOOR net』において、風営法特集が大々的に組まれた。ＤＪやクラブ事業者の風営法に関するインタビューと合わせ、「弁護士に聞く、クラブと風営法」というタイトルで私のインタビューも掲載された。

ここで、なぜ、私が風営法問題にそれほど強い関心を持ち、また弁護士でありながらダンスミュージック専門誌に取材されたのかを、自身の経歴と合わせて紹介したい。

私は２００６年に弁護士になり、本書執筆当時で13年目の中堅の弁護士であるが、それまで通常の弁護士業務の中で風営法という法律に接する機会は皆無であった。それにもかかわらず、風営法ダンス営業規制に問題意識を持ったのは、弁護士になる前に自分でも音楽活動を行い、周囲に多くの音楽仲間がいたからにほかならない。

中学生のときにギターを始め、高校生のときにバンドを結成し、卒業後はミュージシャンを志した。当時は、レストランでアルバイトをしながら、深夜にスタジオで練習したり、ライブハウスやクラブに出入りするという生活を送っていた。出入りしていたライブハウスやクラブはどこも狭いが熱量は高く、出演していたミュージシャンたちも、ハードコアパンクのバンドもいればハウスＤＪもいたりとジャンルは雑多だったが、なぜかコミュニティとしての一体感があった。当時はそんなクラブシーンに面白みを感じていた。

20歳になるころ、音楽から離れ、まったく新しいことをしたいと考えるようになった。しかし、学歴も職歴もない自分にとってどこかの企業に就職することも、起業することも発想できなかった。そんななかで可能性を感じたのが司法試験である。ロースクール制度がまだなかった当時は、職歴や学歴がなくても司法試験にさえ合格すれば弁護士になることができた。合格率は2％程度しかなかったが、とてもフェアな制度だった。

司法試験を受験するためには大学の教養単位まで取得しなくてはならない。大学受験のテキストを買い込み、図書館にこもって勉強をし、無事大学に合格した。だいぶ遅れての大学入学である。その後、大学3年から司法試験の勉強を始め、28歳で合格することができた。

司法試験の受験中、お金がなかったためレコードやCDを買うことができず、ロサンゼルスから配信されるあるラジオ番組を聴きながら勉強をしていた。そのラジオは1999年にロサンゼルスで発足した「dublab（ダブラブ）」という音楽コミュニティが配信していた。インディペンデントな活動ゆえ商業ベースに偏らない自由な選曲センスが素晴らしかった。

dublabはインターネットラジオを通じて世界中の良質な音楽を紹介し続けている。ラジオ運営は非営利であり、リスナーからの寄付が運営費の多くを占めている。定期的に開催される寄付イベントでは、DJやアーティストが自身のレコードやアート作品等を無償提供し、24時間音楽をかけ続けながらインターネットを通じて多くの寄付を募る。日本でも活況なクラウドファンディングや仮想ライブ空間の原型と言えるようなプラットフォームだ。音楽愛に溢れるリスナーとアーティストからなるコミュニティがそれを支えている。

弁護士になって間もなくのころ、私が音楽の師と仰ぐ音楽ライターの原雅明さんから連絡をもらいdublabの「Into Infinity」というプロジェクトに関わる機会を得た。「Into Infinity」とは、クリエイティブ・コモンズ・ライセンスのもと一部著作権フリーで提供されたビジュアルと音楽のリミックス・プロジェクトである。クリエイティブ・コモンズとは、著作権の一部をフリーとし、それをわかりやすく表示することで著作物の流通や改変を促すための試みである。当時、クリエイティブ・コモンズの活動を手伝っていた関係で原さんから声をかけてもらったのだが、まさか dublab のプロジェクトに関われるとは想像もしなかった。

このプロジェクトに関わったことがきっかけとなり、dublab の日本ブランチ、dublab.jp を立ち上げることになった。dublab.jp では著作権法の関係もあり、インターネットラジオではなく、店舗でＤＪが音楽をかけたりトークをするという形が中心となった。

ここでは、クラブやライブハウスだけでなく、都市のさまざまな場所に音楽をインストールしていくことを目指した。レストランやカフェ、バー、ホテルのラウンジといった日常に近い場所で音楽を使った空間演出をするとともに、スキーロッジ、ビーチハウス、倉庫、船、展望台、ギャラリー、公道、廃ビル、廃校といったいわゆるユニークベニューで非日常的な体験をつくることも積極的に行った。普段とは違うロケーションをＤＪは面白がってくれ、その場に合わせて特別な選曲をしてくれた。普段クラブやライブハウスに行かないような人たちが足を運び楽しんでくれたのが何よりも嬉しかった。

dublab の活動を通じて、インターネットラジオの使い勝手という点で日本とアメリカの著作権法のあり方について考えさせられたし、音楽イベントを開催する場所の法規制についても問題意識を持つことができた。著作権法は音楽のデジタルでの流通を制限し、風営法はリアルスペースでの表現を制限する。音楽の楽しまれ方がCDや配信からライブイベントにシフトしているなか、風営法規制のあり方は今後極めて重要になってくるであろう。さらに、著作権法を取り扱っている弁護士は多くいるが、風営法を取り扱っている弁護士はほとんどいない。このように風営法と著作権法とを並べて見る視点を与えてくれたのが、オンラインとリアルスペース双方を活動の場とするdublabであった。

こんな経緯で弁護士になり、弁護士になった後も音楽に関わり続けていたので、周囲には多くの音楽仲間がおり、風営法によるクラブ摘発の報はすぐに届いた。かつて出入りしていた現場での出来事は完全に自分事として受け止めざるをえなかった。一方で、弁護士になった自分は法律家の眼でクラブ摘発を見ることもできた。風営法の問題点を把握した上で、クラブがどのような価値を生み、風営法が何を損なわせているのかも直ちに理解できた。

普通の弁護士では風営法の問題点を直感的に理解できなかったかもしれないし、ミュージシャンを続けていれば法的な観点から風営法の問題点を理解し対策を検討することは難しかったかもしれない。両方の立場を経験している自分だからこそ、このクラブ摘発の状況に対して何かコミットできるかもしれないと感じた。

潮目を変えた1本のインタビュー

雑誌『FLOOR net』のインタビューでは、風営法の規制内容を憲法に照らして「問題」であると指摘し、過度な規制による弊害、業界がとるべき方法などについて言及した。以下はこの記事の要旨である。ここで述べていることは、その後の風営法改正の活動中、変わることはなかった。

クラブの営業は憲法において営業の自由として保障されており、風営法による過度な法規制は憲法上の問題を生じさせる。

クラブは、単に夜遊びの場にとどまらない。音楽やアートといった文化のハブであり、DJによる音楽を媒介とした都市の文化装置として機能している。音楽の楽しみ方はコミュニティ間でライブ体験として共有するのが主流になり、音楽産業もCD等のパッケージ販売からライブイベント等の体験型モデルにシフトしている。クラブは今後大きな成長が見込まれるライブ・エンターテインメントの場として、文化的にも経済的にも重要な価値を有し、その価値はライフスタイルやビジネスモデルの変化によって、今後さらに重要になっていくと思われる。風営法による過度な規制はそれらの芽を摘んでしまう危険性を有しているとして、風営法の問題点を明確にした。

一方で、大阪・アメリカ村を中心としたクラブの一斉取り締まりの背景には、一部店舗で、騒音、喧嘩、落書きなどに対する近隣住民からの苦情が増加していたという事実もあった。もちろん、多くの店舗は近隣との関係や安全面について高い問題意識を持ち、対策を講じている。しかしながら、業界全体に対するイメージは必ずしもよくない。そのため、事業者側の組織的な対応の必要性も感じ、事業者団体による業界自治が重要となるということも強調した。

ただ、規制対象事業者が法改正を求めて声をあげるのは難しい。事業者団体に加え、音楽産業、アート産業、クリエイティブ産業などクラブカルチャーに関係する層を広く巻き込む必要がある。世論を喚起するための署名運動もまた有用であるとし、ネット上で広まり始めた署名運動の意味にも言及した。

タブーは外から破られた

このインタビュー記事に対しては、賛否が大きく分かれた。前述の通り、クラブ業界において風営法問題はタブーである。それをクラブ系メディアが特集記事で大々的に取り上げたため、業界内部からの批判の声も多く聞こえてきた。時間が経てば摘発の嵐は収まる。じっと静かに耐え凌ぐべきである。事を荒立てるべきではないと。

このような業界内部からの批判をよそに、このインタビュー記事はSNSを中心に凄まじい勢いで拡散され、影響力を持つミュージシャンやインフルエンサーによりシェアされ続けた。私は、このとき初めてSNSの影響力の大きさを知った。無名の一弁護士の発信がここまで影響力を持てる時代であることに驚いた。シェアがシェアを呼び、風営法の規制内容を知った多くのクラブユーザーやDJたちは時代錯誤な規制への違和感や憤りの気持ちをSNS上に次々にポストした。

他方で、実際に騒音や喧嘩等の問題が起きているなかで権利だけを主張することへの反対の声もあった。悪法も法である。法律を守らずして権利の主張などすべきではない、法律がある以上いかに時代遅れであったとしても遵法するべきという意見も多かった。さまざまな識者が風営法をめぐって議論を展開していった。

このようにクラブ摘発に対して賛否両論はあったものの、ようやく風営法をめぐるオープンな議論が始まった。これまで業界内からは発信できなかった風営法問題が、初めて公に問題提起された。タブーの殻は内側からではなく外側から破られた。SNSでの議論は盛り上がりを増していった。そして、私はこのインタビュー記事が契機となり、以後、風営法改正運動の渦中に入っていくことになる。

しかし、SNSを中心とした盛り上がりをよそに、大阪・アメリカ村を起点とするクラブの摘発は収束するどころか、むしろ京都、福岡、東京へと全国的に拡大していった。摘発された店舗には、個人的に思い入れの強い店舗や、東日本大震災チャリティイベントを開催していた店舗などもあり、摘発の報を聞くたびに胸を締めつけられるような思いをした。

そして、2012年4月には、大阪市北区にある老舗クラブ「NOON」も摘発された。しかも摘発は、深夜の営業中ではなく、午後9時台のブリティッシュロックのイベント中に行われた。NOONは多くの著名ミュージシャンを育て、世に送り出してきた極めて重要な文化拠点である。摘発の徹底さ、執拗さは異常というほかない。いよいよクラブは終焉を迎えるという諦めが業界内を覆っていた。なお、逮捕されたNOONの経営者、金光正年さんはその後、地裁、高裁、最高裁、いずれも無罪判決を受けている。

4　パブリックを巻きこむ署名運動

大義しかない状況からのスタート

このような状況をいかに打破すべきか。メディアやSNSが契機となり、風営法についての問題意識は社会に広がっている。しかし、SNS等で盛り上がっていても、政治や行政に何の接点も持てなければ、状況は変えられない。SNSの議論はどんどん抽象化されていく傾向がある。政権批判やダンス文化の素晴らしさといった抽象論では問題を解決できない。必要なのは、いかに具体的な政策アジェンダに載せるのか、そして、その後どのように法律を変えていくのか、アジェンダ・セッティングと、それに続くルールメイキングに向けた戦略である。

このころから私は、毎週末のように流れるクラブ摘発のニュースと、多くのクラブユーザーの憤りの気持ちを目の当たりにし、まったく未知の領域であったが、真剣に風営法改正へのアプローチについて考えるようになっていった。

法律を変えるための手法として、前述したロビイングがよく知られている。ロビイングは、大きな組織的基盤があり、資金も潤沢な企業や業界がイニシアティブをとり、マスメディアでのプロモーションも行いながら、強固な政治とのネットワークを活用し、ときに専門のロビイストを雇って強力な政治的働きかけをしていくのが一般的であろう。

しかしながら、摘発真っ只中のクラブ業界は組織的にまとまっていないし、組織的な資金力もなく、政治やマスメディアとのネットワークもない。ないものだらけである。しかも、そもそも法的にグレーな営業を強いられている規制対象業界ゆえに法改正に対して声をあげることすら困難な立場にある。いわゆるロビイングなどできるような体制には到底なく、法改正をしていくための道筋はまったく見えてこなかった。政治票にならない問題である以上、法改正など無理であるという識者からのアドバイスは何度受けたかわからないほどだ。

それでは、クラブ業界はこのまま摘発を甘んじて受け続けるほかないのであろうか？　ロビイングをする力のない事業者や業界にとって憲法上の権利は絵に描いた餅なのであろうか？

クラブに業界としての組織力はないが、クラブが大々的に摘発されていることに対して世論は強い違和感を感じ、その問題意識はＳＮＳを通じてシェアされて増幅し、大きなうねりとなって社会的なムーブメントになりつつある。ロビイングに必要な「リソース」は一切ないが、世論に支持された「大義」だけはある。

この公益的な大義や世論の盛り上がりを、法律を変えるためのリソースに転化していくことができないか。政策アジェンダに載せ、法改正に結びつけていくことができないか。そんなことを考えているときに立ち上がったのが、風営法からダンス営業規制の削除を求める「レッツダンス署名推進委員会」であった。

京都で始まった風営法改正運動

レッツダンス署名推進委員会は、坂本龍一氏や大友良英氏など著名な音楽家らの呼びかけで始まった風営法改正を求める署名運動である。2012年5月、京都での何度かの準備会合を経て組織化され、風営法からのダンス営業規制の撤廃を訴え、10万筆の自筆署名を目標に署名運動をスタートさせた。

呼びかけ人には、作詞家の湯川れいこ氏、作家でありクリエイターでもあるいとうせいこう氏、DJで音楽評論家である大貫憲章氏、フジロックフェスティバルを主催するSMASH代表の日高正博氏、サマーソニックを主催するクリエイティブマンプロダクション代表の清水直樹氏、ADHIP代表のマシーン原田氏、美術評論家の建畠晢氏、東京藝術大学教授で映画監督の諏訪敦彦氏、創作ダンス集団「関西京都今村組」主宰の今村克彦氏、早稲田大学法学部准教授でSalsa Swingozaのボーカル、岩村健二郎氏が名を連ねている。私は京都市内の弁護士との共同代表という形で参加することになった。

京都で署名運動の立上げ準備を行っていた関係者と何度か打合せの機会を持った。打合せの場所は京都の文化人が集まる吉田屋料理店と決まっていた。老舗ライブハスの近くにあるそのレストランには、アーティストやそのコミュニティが集まり、京都と世界をつなぐ文化的ハブとなっている。集まるコミュニティは音楽、アート、映画、写真といった多様な領域にまたがり、また国際色も豊かである。極めて実験的で前衛的なアーティストもいれば、世界の大舞台で活躍する有名アーティストもいる。そこでは文化表現のみならず、文化を守るための社会インフラについても活発に議論されている。そのような風土もあるのであろう。京都のアーティストや事業者は風営法についての問題意識が高かった。風営法改正運動は、京都にあるこのレストランから始まった。

法改正に必要なリソースを署名運動で収集

署名なんていうと古臭い政治運動手法のような印象もあり、一部の人からは実際にそのような批判も受けた。しかしながら、今振り返っても十分に戦略的な手法であり、署名運動がなければ風営法改正はなしえなかった。私自身、ただの自己満足にすぎない政権批判の署名やデモ運動に対しては相当に懐疑的であった。しかしながら、法改正への道筋を見つけるために必要であると思ったからこそ署名運動に参加することにしたのである。

この署名運動で目指したのは、特定業界のインセンティブによる旧来型のロビイングではなく、公益的な大義に基づくムーブメント型のルールメイキングである。

SNSを中心に盛り上がりを見せている問題意識を、いかに政治や行政に結びつけ、政策アジェンダに載せていくか。そのために必要な政治や行政との関係構築も不十分であるし、業界のまとまりもない。そのような状況のなか、署名運動を通じて法改正に向けたムーブメントを起こし、共感する人たちから法改正に必要な知見やネットワークを持ち寄ってもらう。法律等の専門的知見の収集、メディアとのネットワーク、業界間のネットワーク、そして政治や行政とのネットワークなど、法改正に必要なリソースを署名運動によって収集する。

私は、署名運動の目的をこのような法改正に向けたリソースの確保と捉えた。そしてリソースを集めるためには、さまざまなメディアで情報発信を行い、多くの人の注目を集め、オープンな議論を巻き起こし、世論を喚起していく必要がある。そのためには、ある程度の規模の署名を集めることが必要であるが、署名の数集め自体が目的ではない。あくまで法改正に必要なリソースの確保、そしてリソースを活用したアジェンダ・セッティングを署名運動の目的と捉えて、そこにフォーカスして動いた。

5　問題解決の成否を分けるフレーミング

クラブからダンスへ、共感層を広げる

リソースを集めるためには、多くの共感を集める必要がある。すでにSNSを中心に盛り上がりを見せていたが、やはりクラブコミュニティの内輪的な盛り上がり感は否めない。もっと幅広

く共感を集めるためには、どのような問題提起をし、メッセージを発信するべきだろうか。

署名運動はクラブの摘発が起点である。しかしながら、クラブ保護を強調しても訴求できる範囲は限定される。〝ダンス〟という言葉ではどうか？　〝クラブ〟に共感する層に加え、老若男女問わず、圧倒的に幅広い層の共感を得ることができるはずである。法律上も規制されているのはクラブではなくダンスである。風営法の問題を、クラブ規制と捉えるのか、ダンス規制と捉えるのかによって訴求できる範囲が異なる。そのため、レッツダンス署名運動は「クラブの保護」だけではなく、「ダンス文化の推進」を目標に定めた。ちょうど中学校の体育授業でダンスの必修化が決まって話題になっていた時期でもあり、体育で必修化されているにもかかわらず、風俗営業として規制されているのはおかしいといった主張には多くの共感を得られた。

さらに、さまざまなダンスのジャンルを巻き込むことも意識した。レッツダンス署名委員会の呼びかけ人には、ヒップホップ、サルサ、よさこいなど各ダンス関係者が名を連ねている。彼らの働きかけによって、サルサ、アルゼンチンタンゴ、ブラジリアン、ヒップホップ、コンテンポラリーダンスまで、さまざまなダンス愛好家が風営法に対して問題意識を抱き、法改正を支援してくれた。

つまり、クラブからダンスへという縦軸をつくり、ダンスのジャンルを横軸で広げていく。これによって立体的かつ広範囲の層に訴求し、多くの共感を得ていく。ここで重要なのは、できる限り多くの人たちに刺さり、共感を生むことができる戦略的なコピー・ライティングである。

クラブで朝まで踊れることを目的とするのか？　あるいはより広くダンスが持つ価値を伸ばしていくのか？　さらには夜間という時間帯の価値を伸ばしていくのか？

問題をどのように捉え、イシューとしていくかは、公共政策学において「フレーミング」と呼ばれる分野である。

フレーミングの大切さ

たとえば、少子化という問題を例に考えてみる。少子化といっても単に生物学的な出生率低下ではなく、出産・育児環境の問題と捉えるのが実態に即している。このように育児環境も含めて少子化問題をフレーミングすることで、少子化の要因となっている出産・育児環境の問題点を検討し、具体的な政策手法を検討することになる。女性の社会進出、それに伴う女性の就労環境が育児の障害になっているのであれば育児休暇や児童手当、保育所の増設等の対策がありえる。さらに育児への協力を困難にしている夫の就労環境、あるいは家父長制的価値観が要因となっているのであれば、働き方改革やイクメン・ムーブメントが連動してくるかもしれない（秋吉貴雄著「入門公共政策学」に詳しい）。他方、出生率低下を労働人口減少問題として捉えると、外国人労働力の確保、ＡＩ活用、あるいは副業解禁やシェアリングエコノミー推進といった政策手法を検討することになる。さらには、地方に着目して過疎化の問題として捉えると、地方都市の雇用創出、生活環境としての魅力創出、あるいはコミュニティ強化といった地方創生文脈での政策を検

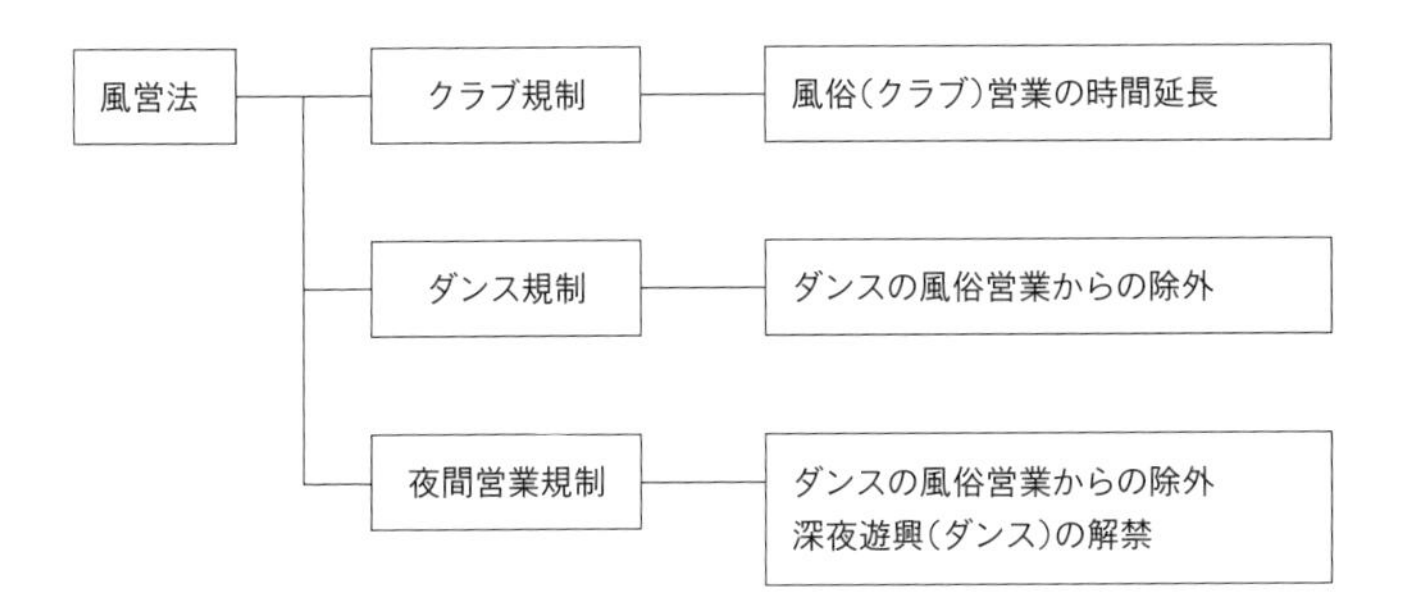

風営法問題のフレーミング

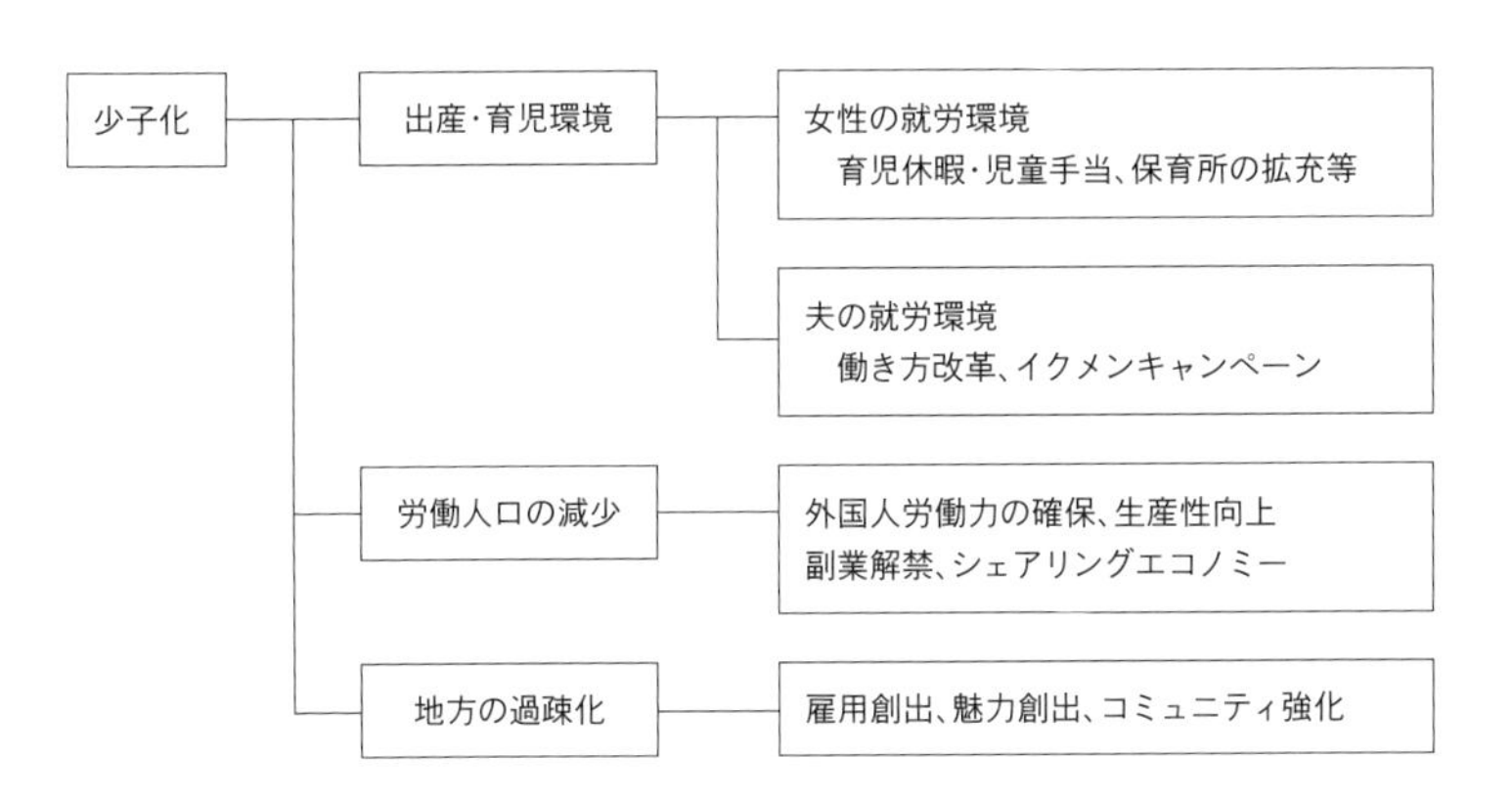

少子化問題のフレーミング

討することになる。

あるいは障害者と社会の関わり方の問題では、健常者と障害者という二項対立的発想のもと、障害者に問題があると捉え、いかに障害者を健常者に近づけるかを政策課題として定義するのが一般的かもしれない。この考え方では障害者は社会的弱者であり、後見的・福祉的に救済していくというのが政策アプローチとなろう。しかしながら、障害も一つの個性である。そもそも完璧な人間などいない。それを個性として受け入れられない社会に問題があると捉えると、救済するのではなく、障害者が活躍できる社会にしていくという政策アプローチが必要になる。たとえば、社会に対する意識喚起や情報提供、インフラ整備等の政策が考えられる。多かれ少なかれ何らかの障害を持つ人たちが増えるであろう超高齢化社会においては、なお一層こんなフレーミングが重要になってくるかもしれない。

話を風営法の問題に戻す。ここではより幅広い層に訴求し、理解を得るという観点から、クラブ摘発ではなくダンス保護を風営法の問題として捉え、それは成功した。公益性を重視し、世論や広いステークホルダーを巻き込むムーブメント型のルールメイキングにおいては、多くの共感を集め、人を動かすことができるフレーミングが重要である。もっとも、この時点でのフレーミングは政策手法などまったく考慮しない荒削りなものであり、この後、状況の変化に伴い、リフレーミングしていくことになる。

このようなフレーミングは、ある種のセンス、スキルが求められる。パブリックリレーション

（ＰＲ）のみならず政策への理解が必要になるし、さらには人の心に訴えるコピー・ライティングのセンスも要求される。問題をどのように捉えるか、というフレーミング思考はルールメイキングにおいて極めて重要な視点であり、この後も度々登場する。

不特定多数の共感を引きだす工夫

署名運動は、当初、ＳＮＳを中心に爆発的に拡散されていったが、他方、ＳＮＳでは議論を深く掘り下げるのが困難な面もある。ＳＮＳでのメッセージは勢いや熱量はあるが、中身は薄く感情的になりがちである。政策化していくためには、短絡的な拡散志向に陥らず、議論を深め、具体化する必要がある。このような観点から、私はシンポジウムやトークイベントなどに積極的に参加して議論を深め、またメディアの取材依頼はすべて引き受けた。

ダンスが持つ価値、さらには夜という時間帯に秘められたポテンシャルを、言葉やロジックで説明するのは意外に難しい。普段の弁護士業務では裁判官や相手方弁護士に対してロジカルに主張を組み立て、法的な概念を駆使して主張を展開するが、憲法上の権利の重要性と風営法の過度な規制内容をロジカルかつ学術的に論じても共感を集めることはできないであろう。

感性や体験を共有できていない多くの人たちに対して、その場が持つ価値をどう翻訳し伝えていくか。そのためには、かなり高度なコミュニケーションスキルが要求される。文化の世界（とりわけ夜の時間帯）と政治や行政の世界で語られる言葉は、同じ日本語ではあるがまったく異なる。双方の言葉に通じていないと翻訳は困難である。

このときかつて音楽に身を投じたときの実体験があったことは大きい。他人事ではなく自分事として捉えた言葉は強い。そこに弁護士的なロジックを載せることで、より多くの人に刺さるよう説明を試みた。『FLOOR net』（2011年3月）では、法律の説明や問題点とクラブが持つ価値を並列して書いたが、常にそのスタンスを忘れないようにした。

当時の議論の中にはクラブに対するネガティブな意見も多くあった。当時メディアを賑わせていた芸能人の違法薬物事件とクラブのイメージを重ね合わせられることが多かった。これに対して、ダンスと違法薬物の関連性はないし、クラブが違法薬物の温床というイメージに合理的な根拠はないと反論を加えていく。今の時代、その気になれば、どこでも違法薬物は入手できてしまう。クラブのみをスケープゴートにしても根本的な問題解決にはならない。

それでもクラブのみが違法薬物の温床であると信じる人たちは多い。そのような人たちには、仮に違法薬物の温床になっているクラブが一部あるとしても、それを根絶するためにこそ法改正が必要であると訴えていく。

現行の法規制は健全なクラブ事業者にも違法営業を強いている。もし店内で違法薬物の使用や売買を発見した場合、事業者は警察に通報できるだろうか。違法営業をしているなかでの警察への通報は、従業員を雇用し、日々の経済活動を行っている事業者の立場からすると、やはり躊躇せざるをえないのではないだろうか。場合によっては、薬物使用者に足元を見られ、通報ができないことを逆手に薬物使用の場として利用されかねないリスクすらある。本当に薬物を排除したいのであれば、適法に営業できるようにした上で、警察との連携体制を強化すべきである。現行の法規制がかえって違法薬物の排除を困難にしてしまっている。といったように、さまざまな論法で法改正の必要性を訴えた。

このとき深掘りした内容は、後のダンス議連等での風営法改正に向けた具体的な議論で活きてくる。

またメディアの取材を受けるなかで多くの出会いがあり、その出会いがその後の法改正で重要な役割を果たしていった。『FLOOR net』に引き続き爆発的な閲覧があったのが、タイムアウト東京による「日本でのダンスはご遠慮ください」と題する記事（２０１５年９月）である

綿密な取材により、摘発の状況が事細かに生々しくまとめられている。取材を担当した記者はライブハウスやクラブで何度も会いよく知っている間柄だった。外国人記者であったが、彼ほど日本のインディなクラブシーンに対して情熱を持っている人を知らない。いくつか掲載されている摘発店舗は「クラブ」という抽象的な存在としてではなく、さまざまな夜の文化が生まれ、それを大切にするコミュニティが集い、彼も含む多くの人の記憶が染みついた場所として紹介されている。インタビューに答えている多くの関係者は悲観的で、今読んでも当時の緊迫した空気が伝わってくる。この記事がきっかけとなって、タイムアウト東京代表の伏谷博之さんが後に風営法改正、さらにはインバウンド観光を中心としたナイトタイムエコノミー政策に大きく関わって

くれることになる。

また、一番最初に新聞で風営法問題を取り上げてくれた朝日新聞の神庭亮介記者（現・BuzzFeed Japan）は、その後も継続的に風営法問題を取り上げてくれるとともに、『ルポ風営法改正』（河出書房新社、２０１５年）という風営法改正運動をまとめた著書まで執筆し、世論喚起になくてはならない役割を果たした。

ダンススポーツ業界との連携

このような運動を続けていくなかで署名数の伸びと連動するように、多くの共感が寄せられ、運動をともに推進する豊かな知見を持った仲間が増えていった。

たとえば、公益社団法人日本ダンススポーツ連盟（以下、ダンススポーツ連盟）と協力関係を築くことができたのは大きい。ダンススポーツ連盟は、社交ダンス、サルサ等のダンススポーツの推進を図る巨大な業界団体である。その会員数は約4万人、全国各地に支部がある。三笠宮杯等の歴史あるペアダンスの競技大会を主催し、多くのスター選手を輩出している。世界ダンススポーツ連盟が上位組織であり、ダンススポーツのオリンピック正式種目入りを目指している。

なぜクラブとダンススポーツが共同戦線をはることができたのであろうか。ダンス教室やダンススポーツイベントも風営法上はクラブと同じ「客にダンスをさせる営業」である。飲食を伴うか否かで規定条文は異なるものの、ダンスを扱っている以上クラブと同じく法律上は風俗営業と扱われる。例外的に、認定を受けたインストラクターがいるダンス教室のみが風俗営業から除外されるが、原則として風俗営業なのである。

かつて昭和の時代には、飲食とペアダンスを楽しむ華やかなダンスホール文化があった。しかし遵法を徹底した結果、現在ではそうしたホールは姿を消し、認定インストラクターが教室で教え大会で競う競技スポーツとして業界は発展していった。他方で、ダンスの若年人口の減少に伴い、競技スポーツではなく、飲食を伴う娯楽産業として発展させることへの期待も一部にはあったが、これも法規制の壁があり実現できないでいたのである。

ダンススポーツ業界も長年にわたって、風営法からダンス営業規定を除外するために運動してきており、認定インストラクターの特例は認められたものの抜本的解決には至らなかった。そのため、レッツダンス署名運動と利害は完全に一致し、協力体制を築くことができたのである。

レッツダンス署名運動は、それまで組織的基盤を持たず草の根的に行っていたが、ダンススポーツ連盟の山田淳専務理事の呼びかけにより、ダンススポーツ連盟およびその関係者から短期間で約4万筆もの署名が集まった。これにより一気に目標の10万筆を超えることができたのである。

ダンススポーツ連盟が協力してくれたのは署名集めだけではない。長らく法改正に向けて活動してきたため政治との強固なネットワークを有しており、そのネットワークをシェアしてくれた。後に、ダンス文化推進議員連盟の会長になる小坂憲次議員は山田専務理事の紹介である。ここで小坂議員とつながりを持てたことはとても大きかった。小坂議員がいなければ風営法改正は成し遂げられなかったからだ。

偶然から呼び寄せた政治家とのネットワーク

署名運動を通じて、徐々に政治の世界とも関係も構築していった。もう1名、風営法改正になくてはならない人物が秋元司議員である。署名運動が大きな盛り上がりを見せていた2012年10月、秋元議員と一緒にインターネット配信番組に出演する機会を得た。「いつでも、どこでも踊りたい！という人間の本質的欲求を奪う法律を考えよう」と題されたこの番組では、クラブのみならずダンス教室も含め、広くダンス営業の規制に関して議論を行い、法規制の問題点について認識を共にした。今でもインターネット上にアーカイブ動画がアップされているので、関心があれば検索してみてほしい。

これ以降、私は、秋元議員と緊密に連携体制を築いていくことになる。出会った当時は民主党政権下であったが、間もなく自民党が与党となり、秋元議員は、後のダンス文化推進議員連盟事務局長として風営法改正を強力に推進した。さらに、法改正後はナイトタイムエコノミー議連の事務局長としてナイトタイムエコノミーを政策化し、さらには国土交通副大臣として観光庁主導で政策を実施していくことになる。

このとき、インターネット番組で秋元議員と出会わなければ、あるいは山田専務理事から小坂議員を紹介されなければ、風営法改正はまた別の道を辿ったかもしれない。

我々には選挙票や政治資金につながる組織基盤があったわけではない。しかし、署名運動を通じて広まった公益的な大義が多くの共感を生み、それらがネットワークとなり、しかるべき政治家に届いたのだ。

そして、その出会いを活かしていけるかどうかは自分次第である。国会議員は多忙を極める。議員からもらえる時間はわずかであり、そのわずかな時間に無駄なく簡潔に、しかし情熱をもって丁寧に話をし、信頼関係を構築していく。

時代にそぐわない規制が、どれだけ多くのビジネスの芽を摘み、新しい産業の創出を阻害しているか。風営法の不合理性を具体的に説明し、改正後の大きなビジョンを共有してもらえるよう、なるべく具体的に話をした。規制緩和をお願いするという陳情型のロビー活動ではなく、公益的な大義を掲げ、未来の新しい産業を一緒につくっていきたいというスタンスで臨むことを心がけた。

このようなプロセスを経て、小坂議員はダンス議連の会長に、秋元議員は事務局長になってくれ、後の超党派の議員連盟の発足に至った。

6　議員連盟の発足によって政策アジェンダに載る

2012年末には、署名は目標の10万筆を突破。しかしながら、当たり前だが署名が集まっただけでは法律は変わらない。署名を政治に届け、法改正に向けて政治を動かす必要がある。

市民運動にありがちなのが、政権批判や主義主張を署名やデモ等で訴えるものの、具体的な成果に結びつけることができず、自己満足的な一過性のお祭り騒ぎで終わってしまうことである。しかしながら、風営法改正運動では、署名運動を、風営法改正を政策アジェンダ載せ、法改正に導くためのプロセスの一つとして戦略的に捉えていた。

２０１３年2月ごろ、署名運動を行ってきたレッツダンス署名推進委員会の有志が中心となり、議員会館内を1日かけて回った。法改正に向けて動いてもらうための陳情である。

この日、私も議員会館を回った。初めて会う議員も大勢いたが、多くの議員が風営法についての知識をすでに有していた。いずれも好意的な対応であり、法改正に向けた前向きな意見交換もスムーズにできた。もし署名運動がなかったら、おそらく議員1人1人に一から説明をしなければならなかっただろう。そして、クラブのネガティブなイメージゆえに、説明をしたとしても理解を示してくれる議員も限られていただろう。署名運動が先行していたことにより、アジェンダ・セッティングのための基本的な地ならしができていたのである。

そして残りわずかの期間となった署名運動と並行して、小坂議員と秋元議員が中心となり動いてくれた結果、２０１３年5月、約70名もの国会議員が政党を超えて集まり、超党派での「ダンス文化推進議員連盟」が発足した。同議連を軸に、風営法ダンス営業規制の改正を目指すこととなった。そして同月、目標の10万筆を大きく上回る約16万筆の署名が集まり、この署名はダンス議連に託されたのである。

ダンス議連のメンバーは以下の通りである。

会長に小坂憲次議員（自民党・参）、副会長に河村建夫議員（自民党・衆）、福山哲郎議員（民主党・参）、遠山清彦議員（公明党・参）、事務局長に秋元司議員（自民党・衆）、事務局次長に赤枝恒雄議員（自民党・衆）、新原秀人（維新・衆）が名を連ねる。幹事長の平沢勝栄議員（自民党・衆）を筆頭に、幹事として青柳陽一郎議員（維新・衆）、泉健太議員（民主党・衆）濱村進議員（公明党・衆）、平将明議員（自民党・衆）、穀田恵二議員（共産党・衆）、福島みずほ議員（社民党・参）、浮島智子議員（公明党・衆）、中野洋昌議員（公明党・衆）、西村康稔議員（自民党・衆）、萩生田光一議員（自民党・衆）、山本拓議員（自民党・衆）、渡辺博道（自民党・衆）議員、尾立源幸議員（民主党・参）、藤田幸久議員（民主党・参）、愛知次郎議員（自民・参）らが参加している。

ダンス議連の発足により、風営法ダンス営業規制は、政策問題として正式に認識された、つまり政策アジェンダに載ったのだ。

7 旧来のロビイングからオープンなルールメイキングへ

署名運動の本質は署名を集めることではない

1年間の署名運動を通じて、当初の目標である10万筆を超える約16万筆の署名を集めることに成功した。16万筆というのはこの種の署名運動ではかなりの数である。正式な請願署名であるため、署名はすべて法律の要件に則り、自筆である。オンライン署名ではない。街頭、ライブハウス、クラブ、イベント会場等で運動への理解を呼びかけ、頂いた署名である。署名を求める人、署名のための場を提供してくれた人、そして実際に署名してくれた人。数えきれない多くの人たちの思いがこの署名に込められている。

しかし、署名を集めることが署名運動の本質ではない。署名運動を通じ、風営法ダンス営業規制は国民の多くが知るメジャー・トピックとなり、その問題点は広く社会に共有された。多くの議員にも関心を持ってもらうことができた。他の有力な業界とのつながりもできた。さまざまなイベントやメディアの取材等での議論を通じて、産業や文化としての可能性も見いだすことができたし、また調整が必要なリスクも検討できた。そして、ダンス議連発足により、風営法ダンス営業規制を政策アジェンダにも載せることができた。

業界的なリソースはないが、公益的な大義だけはある。そんな状況で法改正という大きなルールメイキングを仕掛けるにはどうすればいいのか、といった問題意識で関わったレッツダンス署名運動は、このような成果をあげることができた。逆に言えば、大きな業界的組織基盤がなくても、公益的な大義があり、世論に支持されれば、政策アジェンダに載せることができるということが証明できたのだ。これが署名運動で得た一番の成果であり、署名運動の本質である。

パブリックと関係を構築する手法

風営法の問題点がこれまで業界から公に発信されたことはなかった。事業者は警察による摘発があれば収束するまで耐えて待つ。トラブルを起こさないように慎重に営業を行う。大々的なプロモーションも避ける。いらぬ波風は立てない。立法事実と法規制が整合していないことは明らかであったが、業界として、その問題点を政策課題として主張することができない状況が長らく続いた。

そのように公にされてこなかった風営法の問題点を、署名運動が中心になり大々的に発信した。署名運動を通じてパブリックに対して問題提起を行い、メディアを通じて継続的に情報を発信し続けた。こうして世論を喚起し、公衆のアジェンダとし、法改正に向けた機運を醸成していった。

そして、世論喚起とリンクさせる形で、政治とのつながりも構築し、さらには具体的な政策アジェンダにつなげていく。こうした署名やメディア等による世論喚起、さらには政治との関係構築のプロセスは、「パブリック・リレーションズ」あるいは「ガバメント・リレーションズ」と言われる活動である。

アメリカにおけるパブリック・リレーションズのバイブル『体系パブリック・リレーションズ』（スコット・M・カトリップ他著、1952年）によると、パブリック・リレーションズとは、組織体とその存続を左右するパブリックとの間に、相互に利益をもたらす関係性を構築し、維持するマネジメント機能と定義されている。そして対象とするパブリックは投資家、顧客、メディアなどさまざまにあり、このうち政府に対するルールメイキングの働きかけは「ガバメント・リレーションズ」と言う。

風営法改正においては、業界側がパブリックや政治・行政との関係構築が困難な状況にあるなか、公益性のある大義に基づく署名運動がパブリック・リレーションズやガバメント・リレーションズを行う上で奏功した。この手法は、ロビイングを実施するためのリソースがないさまざまなイノベーション領域からのアジェンダ・セッティングにも応用可能である。

重要なのは、パブリック・リレーションズやガバメント・リレーショズであって署名運動自体ではない。署名運動を叩き台の一つにして、より多様な手法を実践し、戦略ノウハウを集積していくべきである。

トップダウンからオープンなプロセスへ

アジェンダ・セッティングのアプローチは、今後大きく変化するだろう。特定企業や特定産業による密室型のロビイングから、公益重視のオープンプロセスなルールメイキングへ。アジェンダ・セッティングのアプローチが変化することで、政策アジェンダに載る問題も変わり、政策内容も変わってくる。

そして、アジェンダ・セッティングのアプローチの変化に伴い、政治・行政側から民間に求められる役割も変化してくるであろう。民間側に求められるのは、陳情型ロビーのように得票数等による政治的な支持基盤への直接的なサポートだけではない。重要になってくるのは、イノベーションを小さく終わらせず、ルールメイキングを通じてスケールさせていくというマインドセットとアクションである。未来の産業創出に向けたビジョンを持ち、アクションを起こしていくことである。

長らく、日本では政策の立案から実施まですべてを担当府省の担当部局が行ってきた。右肩上がりの高度経済成長に適したモデルである。しかしながら、産業構造は大きな転換を迎え、ビジネスは複雑性を増し、またかつてないほどのスピードで進んでいる。このような状況において官僚だけが主導するトップダウンのルールメイキングではその速度や実態に即し、さらには未来を見据えた適切なルールメイキングは困難である。現政権が「成長戦略」の一つとして、岩盤規制を改革して民間の創意工夫を活用していく「規制改革」を位置づけている意味はまさにここにある。

いかなる岩盤規制が民間の創意工夫を阻害しているのかを、もっとも痛感しているのは未来を

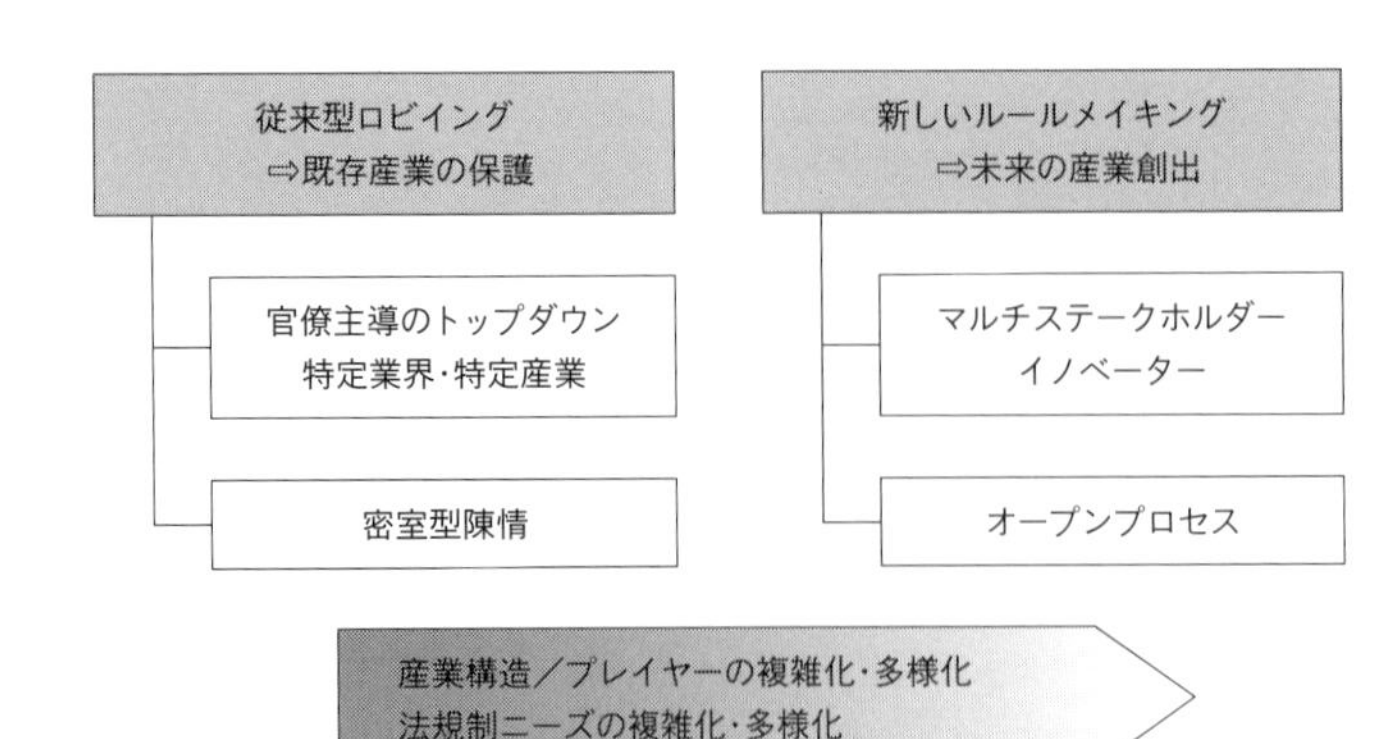

従来のロビイングから新しいルールメイキングへ

見据え新しい産業創出を行おうとしているイノベーターたちである。イノベーターに求められる役割は、未来の産業や文化の可能性を示し、そのためのルールメイキングを求めていくことだ。旧来型のロビイングとはまったく異なる新しいアジェンダ・セッティングのプレイヤーはイノベーターなのである。

新しいルールメイキングは、特定業界の利益保持ではなく公益的な大義をエンジンとし、既存産業の保護ではなく未来のイノベーション実装に向けられる。その実現のプロセスは、特定業界と政治・行政との密室的対話ではなく、既存業界のみならず多様なステークホルダーを巻き込んだオープンプロセスであるべきだ。これが私のイメージする新しいルールメイキングであり、風営法改正、そしてナイトタイムエコノミー政策立案において常に貫き続けている姿勢である。

2章　プレイヤーを組織する

——多様なステークホルダーを巻き込むプロセス

1　クラブ業界を組織化する

世論形成から政策形成へ

署名運動を経て、ダンス議連発足によって風営法改正が政策アジェンダに載った。ここから、市民運動から法改正に向けた議論、そのための具体的利害調整に入っていかなければならない。いかなる法改正を目指していくかについて具体的な議論を進める段階において再度意識しなければならないのが、問題をいかに捉えるかという「フレーミング」である。フレーミング次第で訴求できる対象範囲も異なり、世論の理解にも影響し、さらには政治・行政への刺さり具合も変わってくる。より広く問題を切り取りフレーミングすることで、より広い世論形成につながる。

しかしながら、フレーミングの役割は世論形成だけでなく、さらにその後の政策形成にも大きな影響を与えていく。先に少子化問題等を例に挙げて説明したように、問題の捉え方によって、検討すべき政策手法、そして政策に関係するステークホルダーがまったく異なってくる。その意味でフレーミングは、政策のコンセプト・メイキングや政策デザインに直結する。

署名運動の段階では、幅広く世論を喚起するために、風営法問題をクラブ営業の規制ではなく、ダンス文化の規制として捉えた。こうしたフレーミングは市民運動のキャンペーンとしては訴求しやすいが、政策課題に載せるには漠然としている。実際に政策を立案し、解決していくためには、どのような価値が風営法によって損なわれ、ダンスにどのようなポテンシャルがあるのかについてさらに具体的な検討を行い、問題をフレーミングする必要がある。

たとえば、風営法をクラブ規制と捉え、クラブで朝まで踊るための法改正を目指すのであれば、クラブを風俗営業店として扱ったまま、風俗営業店の営業時間を現行の深夜12時から朝までに延長すれば足りるであろう。実際に風俗営業許可を取得しているクラブ事業者からそのような意見を聞いたこともある。

しかし、風俗営業許可を取得できないクラブも多い。クラブの風俗営業許可を取得するには客室面積が66㎡以上必要であり、取得可能なエリアも繁華街に限定されている。小規模で繁華街から離れた地域にある店舗は風俗営業許可を取得できないのである。風俗営業店の営業時間延長アプローチをとれば、小規模店舗を中心に多くのクラブが規制緩和の対象から外れてしまう。

また、風営法の問題を、大規模資本の参入障壁と捉えることもできる。風俗営業というある種ネガティブなイメージが企業イメージを重視する企業の参入を阻害し、業界の健全な経済成長を阻害しているかもしれない。風俗営業というだけで入居できる物件も限られ、資金調達も限定される。風俗営業店の社員という肩書きに抵抗を覚える働き手も多いであろう。風俗営業という業態が人材採用の障壁になっているかもしれない。風俗営業店の営業時間延長というアプローチでは、夜間産業の成長という目的を実現困難なものにしてしまう可能性がある。

いかなる法改正を目指すかについて、もっとも具体的に検討できるのは、規制の対象となっているクラブ事業者やステークホルダーである。よってダンス議連では、できる限り多くのステークホルダーを巻き込み、多角的に問題点をフレーミングしていくことにした。

動けないクラブ事業者

しかし、この政策形成段階に入った途端、市民発の風営法改正運動はたちまち壁にぶつかった。クラブ事業者は、置かれた法的立場の曖昧さゆえに、法改正に向けて声をあげることが難しいと先に述べた。このような状況は16万筆の署名が集まり、風営法改正を求めるダンス議連が発足してもなお変わらなかった。

ダンス議連事務局長の秋元議員はラッパーのZeebra（ジブラ）さんとの対談（朝日新聞、2013年10月）で、「弁護士やアーティストの皆さんが立ち上がっていて、我々政治家と話をする機会も生まれてきているが、事業者の方は、なかなか表に出てこない。これって異常な状況なんです」と述べている（神庭亮介著『ルポ風営法改正』）。

事業者の関与なくして法改正、とりわけ風営法のように営業を取り締まる業法の規制緩和を進めることは不可能である。クラブの深夜営業を認めることでさまざまな社会的リスクが懸念される。風営法改正には、これらの社会的リスクに関する利害調整も合わせて必要となる。そのような利害調整は業法の規制対象となっている事業者の積極的な関与なしでは実現しえない。

風営法があろうとなかろうと、クラブで違法行為があってはならないし、近隣に迷惑をかけてはならない。想定されるリスクを回避するために、どこまで法律で規制しなければならないか、あるいは業界の責任の範疇として任せていいのか、というのが規制緩和論である。規制緩和は、法律による保護から民間側の自己責任へのシフトチェンジにほかならない。法規制を緩めるということは、それだけ業界側の責任に委ねられるということを意味する。となると、業界による内部自治や自浄作用の構築に向けた積極的な動きが、規制緩和をしていくためには極めて重要となる。

しかしながら、クラブ業界は組織化されておらず、業界のガバナンスや自主規制もないような状況であった。このような状況での法改正は極めて難しい。

このような議論をクラブ事業者とする機会は何度もあったが、多くの事業者の反応は、「ウチの店舗はトラブルもなく健全に営業している」というものであった。もちろん、多くの事業者がトラブルもなく健全に営業されていることは重々承知しているし、当該店舗の健全性に疑いを持っているわけではない。しかしながら、事業者が、「問題がある事業者はウチの店舗とは関係ない。ウチは真面目にやっている」と言った瞬間、業界全体に法規制を課せられることになる。規制緩和をしていくためには「事業者が問題を起こさないように業界全体で責任を持つ」という主張をしていかなければならないのである。法規制は違法行為をしかねない事業者のリスクをヘッジするためのものである。健全に事業をしていない店舗も含め、どのように業界全体で責任をもってリスクヘッジをしていくのか、というのが業法の立てつけである。

ルールメイキングのジレンマ

もっとも、前章で述べた通り、クラブ事業者がまとまらず表に出ない理由もそれなりにある。クラブの事業者の法的な位置づけは曖昧であり、グレーな状況での営業を強いられていた。そのため、事業者はできる限り目立たないように営業しなければならない。店のプロモーションも最小限にし、店内には「踊らないでください」という冗談のようなポスターを掲示する。出演ＤＪのプロフィールから「ＤＪ」という文言を消している店舗もあったほどである。

そのような立場で、事業者が表立って組織化することなどできないし、組織化した上で法規制に対して異を唱えたりするなどもってのほかである。規制当局との関係を悪化させてしまい、やぶへびリスクとなることは明らかである。

グレーな状況に置かれているために、業界を組織化して法改正を求めることができない。一方、組織化して法改正を求めなければグレー状態から脱けだすことができない。いわばルールメイキングのジレンマともいうべき問題である。

これは、憲法学で〝民主政の過程論〟として論じられている問題と似ている。人権の中で一番重要な権利は、表現の自由と言われている。営業の自由、職業選択の自由等の経済的自由ではなく、表現の自由の価値が高いとされている。それはなぜか。経済的自由が、法規制等によって不当に制限されてしまった場合、表現の自由さえ保障されていれば、各種の表現行為によって制限の不当性を主張することができる。そして、制限の不当性を主張することができれば、民主政治のプロセスの中で不当な制約を覆していくこともできる。しかしながら、表現の自由が不当に制限されてしまった場合、表現活動によって不当な法規制を正していくことができない。すなわち、民主政治のプロセスに欠陥が生じてしまい、自己回復システムが機能しなくなってしまうのである。風営法の規制下に置かれることで、規制の不当性を訴えることができない。民主政の過程論の構造と同じジレンマが生じてしまっていたのだ。

日本ナイトクラブ協会の発足

事業者が組織化できないというジレンマをどのように脱却すればよいのか。法改正の段階で重要な役割を果たしたのが、「クラブとクラブカルチャーを守る会」（以下、ＣＣＣＣ）である。このときも殻は外から破られた。

２０１３年４月に発足したＣＣＣＣは、ＤＪやラッパー、プロデューサー等からなる有志のチームである。ラッパーのZeebraさんが会長を務め、音楽ジャンルの壁を越えた日本を代表するアーティストがメンバーとなっている。署名運動の最中、クラブ・ライブハウス事業者、イベント・プロモーター等を中心に、私が講師役となり風営法に関する小規模な勉強会を開催していた。同勉強会には、徐々にＤＪやミュージシャンも参加するようになり、風営法に対する問題意識を共有していった。そこで具体的なアクションをするために組織されたのがＣＣＣＣである。

ＣＣＣは、クラブカルチャーの経済的・文化的価値を発信しながら、地道かつ熱心にクラブ事業者への働きかけを行った。また率先してクラブの健全化をアピールし、クラブが多いエリアの清掃活動も実施していた。

レッツダンス署名推進委員会はダンスの文化的大義を全面にアピールして風営法改正に向けた世論喚起を実現した。これに対してＣＣＣは、クラブ事業者に対して組織化を働きかけ、また自ら率先して清掃活動や啓蒙活動を行い、より現実路線で業界健全化を図る活動を展開した。現場から離れた大局的なレッツダンス署名運動のアプローチ、現場に近いがゆえに責任を持って取り組むＣＣＣのアプローチ。立場は異なるが、法改正に向けて両者の活動は両輪として機能した。いずれが欠けても法改正は実現しなかっただろう。

こうした動きを受け、ついにクラブ事業者が動きだした。ダンス議連発足後ほどなくして、ダンス議連の議員とクラブ事業者が徐々に協議を開始する。世論の盛り上がり、ＤＪやラッパー等のアーティストからの働きかけ、そして議連との協議を経て、２０１４年3月、東京を中心としたクラブの事業者団体である「日本ナイトクラブ協会」が発足した。

日本ナイトクラブ協会は、東京を中心に重要なクラブのほぼすべてが名を連ねている。ブランド、営業形態、規模感はさまざまである。派手なディスコ営業をする店舗もあれば、音楽のクオリティにストイックにこだわった店舗もある。収容規模も千人台から百人程度までさまざまである。いずれにせよ日本のクラブシーンをタフにつくりあげてきたレジェンド級の多様なクラブが組織としてまとまるのは、奇跡的といってもいい。日本ナイトクラブ協会は当初約10店舗でスタートしたが、現在は「一般社団法人ナイトクラブエンターテイメント協会」に名称を変更し、地方都市とも連携し加盟店舗も20店舗以上に増えている。

日本ナイトクラブ協会は、規制緩和による社会的リスクの責任主体として、業界内で自主基準を設けて会員に遵守させるとともに、法改正に向けたクラブ業界の組織化や意見の取りまとめを行う。業界による内部自治や自浄作用の構築を担う組織が立ち上がり、風営法改正に向け、実質的なスタートが切られた。

小箱から生まれるナイトカルチャー

日本ナイトクラブ協会の会員は、風俗営業許可を取得できる大型店舗が中心である。当時の風営法においてクラブが風俗営業許可を取得するには、一部屋あたりの客室面積が66㎡以上必要とされていた。しかしながら、ミュージックバーやDJバーと呼ばれる店舗を中心に、客室面積が66㎡未満の店舗は日本中に相当数ある。このような店舗を本書では「小箱」と呼ぶ。

小箱の特徴として、個性的な内装、こだわりの音響設備、アットホームなホスピタリティ、オープンマインドなコミュニティなどが挙げられる。客室面積が100㎡以下の店舗が多く、30㎡程度のスタンディングバーに近い店舗も多い。

カジノやIRに併設されるような大規模クラブとは異なる魅力があり、音楽愛好家の外国人観光客も多く訪れる。訪れる層としては、文化的感度の高いセレブ層からバックパッカー、LGBTまで多様である。客層も、音楽家、アーティスト、ファッション業界、IT業界、投資家、そして弁護士など雑多である。このような多様な層が、良質な音楽を媒介として、日中の肩書きから離れ交流できるのが、小箱の大きな魅力である。

多様性はクラブカルチャーの本質であり、ルーツでもある。歴史を振り返ると、クラブはもともと性的マイノリティや人種的マイノリティ等の小さなコミュニティの場でもあった。そして、その小ささゆえに先進的で寛容性に富んだ文化を生み続ける場でもあった。

現在のクラブカルチャーのルーツとして挙げられることが多いのが、1970年代から営業を続けてきたニューヨークの「ロフト」である。ロフトは、DJの開祖ともいわれるデヴィッド・マンキューソが家賃を支払うために自宅アパートで開催していたレントパーティだった。そして、同時にそこは彼が育った孤児院のプレイルームを再現した場所でもあった。

シスターが選曲してくれる音楽と温かい食事、部屋中に飾られている風船による装飾。マンキューソにとって孤児院のプレイルームは、孤児という自身の生い立ちを一時的にでも忘れられる重要な場所であった。ある日、孤児院時代の旧友がロフトを訪れると強烈なデジャブに見舞われた。友人は風船で溢れる部屋を見回し、強まるデジャブの正体を突き止める。友人が孤児院時代の写真をマンキューソに見せた瞬間、マンキューソの記憶は堰を切ったように蘇った。そのとき初めてマンキューソは、ロフトで孤児院を無意識のうちに再現していたことに気がついたという

（マット・メイソン著、玉川千絵子他訳『海賊のジレンマ』フィルムアート社、2012年）。

そして、このロフトから世界的ＤＪが育ち、世界中のクラブシーンを開拓していった。その意味でロフトはクラブシーンのインキュベート装置であった。マンキューソはプレイルームでシスターにもらった何かを、ロフトという場で誰かに返そうとしたのかもしれない。

このように、孤児院のプレイルームをルーツの一つとするクラブは、社会的ラベリングからあらゆる者を解放し、対等に受け入れ、音楽、アート、ファッション、建築など、多様な文化が混じりあう場所であった。

そうした多様な文化が混じりあう場所にはコミュニティが育まれる。その意味では、小箱は社会学者レイ・オルデンバーグが提唱する「サードプレイス」に属するのかもしれない。サードプレイス＝第三の場所は、家庭＝第一の場所、職場＝第二の場所とは違う、街の中の心地よい居場所を指す（レイ・オルデンバーグ著、忠平美幸訳『サードプレイス』みすず書房、2013年）。

サードプレイスは、会員制になっておらず、また予約するような場所でもない。いつでも1人でふらっと立ち寄って店主や他の常連客に歓迎される。そして帰りたいと思ったら、いつでも帰ればよい。その意味では、家庭とも職場とも違う。ただし、家庭とは異なるもののアットホームな気持ちでいられる。職場のような階級はなく、そこでは誰もが平等になれる。平等は社会的マイノリティだけが求めているものではなく、地位が高い人も欲している。それは孤立しそうな人たちが寄り添える場所なのかもしれない。

テレビやショーのように何かを提供してくれるエンターテインメントがあるわけではなく、皆がコミュニティの一員として、日常をシェアし、提供する存在になる。その瞬間、その場所では自分たちが主役になることができる。ささやかだけど奇跡的ともいえる少しの時間。

そのようなサードプレイスは営利目的を持ちながらも、客を単なる〝顧客〟として扱わず〝個人〟として大事にする場所である。たしかに消費者かもしれないが、そこにとどまらない価値を感じさせてくれる。余暇を単なる消費の対象とはしない場所である。

おそらく小箱に馴染みのある方なら、すべて頷くことばかりだろう。膨大な音源と知識、そして個性的な感性を持つＤＪがその空間や集まる人の雰囲気に合わせて選曲する音楽は、場に色彩を与え、場の熱量を上げてくれる。冷んやりした部屋に灯る暖炉の火のように、部屋を明るく照らし温めていく。陽だまりに人が集まるように、ＤＪの奏でる音楽に人は引き寄せられる。感性や創造性を刺激する音楽に引き寄せられるのはクリエイティブな人が多いが、スノッブで排他的な雰囲気は一切ない。音楽のことなど何も知らなくていい。多種多様な価値観を受け入れる雑多で自由な雰囲気こそもっとも重要である。

このようなオーナーやスタッフの個性が色濃く反映され、音楽愛に溢れた、ユニークな小箱の集積が日本各地にたくさん存在している。大規模なエンターテインメントが提供されるわけではないが、リラックスしたコミュニティ・スペースとしての小箱が実験的で先進性に富んだクラブシーンを育んできた。

新しい才能を最初に見いだしやすいのも小箱である。小箱で開催されるパーティは、動員客数と熱量が必ずしも比例しない。リアルなクラブカルチャーを体験できるのは、スーパーＤＪを迎えた大規模フェスよりも、少人数の仲間と一緒に、新しい文化の萌芽を目撃し、共犯心理とともに興奮を分かちあう小箱での一晩であろう。

日本音楽バー協会の発足

小箱は日本の各都市の音楽シーンで極めて重要な役割を担っている。このような小箱の価値をどのように政治に伝え、法改正に反映させていくか。

小箱目線で風営法問題をフレーミングすると、多様性に満ちた社会的な関係性の構築、個性豊かで先進性に富んだ文化的表現、さらには都市の居心地のよい場所を阻害してしまっているのが風営法と言える。経済性というよりも、社会的な価値、文化的な価値に重きを置いたフレーミングである。

小箱が風俗営業としての「客にダンスをさせる営業」に該当するかは法解釈上一義的に明らかではない。個人的には該当しない店舗が多いと考えているが、仮に該当するとしても、客室面積が66㎡未満の店舗は風俗営業許可を取得できない。そのため、小箱は、法律的な営業形態としては、風俗営業ではなくバーと同じく深夜酒類提供飲食店として営業するのが通常である。このような法的に曖昧な状況が、小箱が持つ価値を大きく損なってしまっている。

小箱の置かれた利害状況は、風俗営業許可を取得できる店舗とは大きく異なる。前述した小箱の価値も含めて風営法の問題をフレーミングする必要がある。誰かにとっての規制緩和が誰かにとっての規制強化であってはならない。小箱の要望も議連にあげるべく、日本ナイトクラブ協会に続き、「日本音楽バー協会」が発足した。もっとも、小箱の事業者の組織化は困難を極めた。このときもCCCが中心となって事業者の取りまとめに奔走したが、結果的には、音楽バー協会は、10店舗に満たない少数の店舗からのスタートとなった。

2 多様なステークホルダーのプラットフォーム

クラブカルチャーを支えるクリエイティブ産業

風俗営業許可を取得した店舗で構成される日本ナイトクラブ協会、小箱で構成される日本音楽バー協会が発足したが、政策提言の主体としてはこれで十分であろうか。

私にとってのクラブは、音楽が中心にありながらも、IT、アート、ファッション、建築、デザイン等、いわゆるクリエイティブ産業に携わる人たちのプラットフォームであり、刺激を与え、アクションを促す場である。

クラブカルチャーとクラブは似て非なるものだ。クラブカルチャーはより広義なものであり、クラブ事業者以外の多様なステークホルダーにより成り立っている。クラブは多様な人々の出会いを生みクリエイティブな文化が日々誕生している場である。

また、風営法が規制しているのは、クラブ営業ではなくダンス営業と深夜の遊興であるから、ライブハウスや飲食店、ギャラリー等での音楽イベント、野外フェスも規制の対象となりうる。となると、クラブ事業者だけでなく、より多くの事業者や業界の声を政策に反映させる必要がある。イノベーションは既存フレームワークの外で起きる。クリエイティブ産業としてのクラブカルチャーをアップデートするのは、案外、既存のクラブの外からなのかもしれない。

このような観点から、クラブ事業者以外の事業者や団体にも法改正の議論に関わってもらうべく働きかけた。ここで一番重視したのは、できる限り既存のクラブから遠そうな人たちに関わってもらうということである。

ライブ・エンターテインメント業界の参加

まず声をかけたのは、ライブ・エンターテインメント業界である。具体的には、ライブハウス事業者と全国のコンサート・プロモーターの業界団体である「一般社団法人コンサートプロモーターズ協会」(ACPC)に関わってもらった。

もともと、レッツダンス署名運動は多くのライブハウスやコンサート事業者の協力により始まった。署名の呼びかけ人には、日高正博氏(フジロックフェスティバル主催、SMASH代表)、清水直樹氏（サマーソニック主催、クリエイティブマンプロダクション代表）が名を連ねているし、また、先に述べた署名運動時に開催していた風営法に関する勉強会にはライブハウス事業者が多く参加していた。

コンサートプロモーターズ協会の調査によれば、２０１３年、２０１４年と、ライブ動員数は20％以上の伸びを示している。ＣＤが売れなくなっているなか、ライブ・エンターテインメントの勢いは凄まじい。音楽は「１人で聴く」から、「皆で体験する」コンテンツに急激にシフトしている。いわゆるライブ・シフトである。

このような大きな流れのなか、ライブハウスを活動の拠点にするバンドシーンは、クラブミュージックを聴き馴染んだ若手を中心に、新たな盛り上がりを見せはじめていた。ライブハウスとクラブの区別は曖昧になり、コンテンツも混じりあうようになった。若手バンドは、テクノ、ハウス、ジャズ、ヒップホップ、Ｒ＆Ｂなどクラブミュージックの要素を各々の解釈で融合させ、その表現をどんどん洗練させている。バンドに混じってＤＪがプレイすることもめずらしくなくなり、ＤＪやクラブミュージックのプロデューサーも、ターンテーブルではなくバンドセットで演奏するのがトレンドになっている。

音楽ジャンルや世代、国籍やジェンダーも関係なく混ざりあい、ライブハウスを舞台に進化している次世代のライブミュージックシーンは、ある種非常にクラブ的である。ライブハウス事業者もそのような新世代の音楽シーンを丁寧に育てようとしていたし、ミュージシャンもそれに応

世界最大規模のダンスミュージック・フェスティバル「トゥモローランド」（ベルギー）
© Vlad Solovov

えようとしていた。だから、特定のバンドではなく、バンド全体のクオリティが高く、業界は盛り上がっていた。以前は時代の先端をいく実験性に富んだバンドのライブは深夜帯に行われることが多かったが、風営法による規制強化の流れもあり、バンドシーンは盛り上がっている反面、深夜公演は減っていた。ライブハウス事業者も風営法に対して強い疑問を抱き、署名運動を率先してきたし、また法改正に向けて議論を繰り返していた。

また、ライブハウスとは異なるが、フジロックフェスティバルやサマーソニックといった大型の音楽フェスティバルも堅調であり、その種類も多様化している。しかしながら、当時欧米を中心に盛り上がりを見せていた数十万人規模の大型ダンスミュージック・フェスティバルの開催実績が、当時の日本ではまだなかった。

ベルギーのトゥモローランド、マイアミのウルトラ・ミュージック・フェスティバル、アムステルダムのADE（5章参照）などは巨大な観光資源として世界中からインバウンド観光客を呼び込み、開催都市に大きな経済効果を生みだしている。出演DJは毎年のDJ年収ランキングで数十億円を叩きだすクラスが並んでいる。

　ダンスミュージック・フェスティバルが風営法に抵触するかについての法的な解釈は曖昧である。ただ、条文上は、客にダンスをさせる営業は風俗営業とされ、風俗営業許可がなければ営業できない。期間限定のイベントだったとしても営業として行われているものであれば、風俗営業許可は必要となる。日中の営業も風俗営業としての規制を受け、かつ深夜の営業は禁止される。継続的な店舗営業ではない1回のイベントだったとしても、条文の規制文言が広範である以上、違法とされる可能性は大いにある。大事には至らなかったが、実際に集客数1万人以上のダンスミュージック・イベントにおいて、開催直前に警察の指導が入り開催が危ぶまれた例もある。

2018年に幕張で開催されたダンスミュージック・フェスティバル「Electric Daisy Carnival」

大規模なフェスティバルになればなるほど多くの資金調達が必要になる。関わる企業の数も多くなり、その企業規模も大きくなる。そうなれば、当然、遵法な運営を徹底する必要性も高くなり、法的にグレーな状況では関係各社に対しての説明責任を果たせないことも増えていく。法律に違反することなくダンス営業を行えるようになれば、日本でも大型ダンスミュージック・フェスティバルの開催ができるかもしれないし、そうなればライブ・エンターテインメント市場にとってもも大きなインパクトとなる。フェスティバルを主催するプロモーターにとっても風営法は事業展開の障害になっていた。法改正に反映させるべくコンサートプロモーターズ協会を通じてプロモーターの要望をヒアリングした。

なお、実際に風営法改正後は10万人規模のダンスミュージック・フェスティバルが日本でも開催されるようになっている。

不動産開発業界の参加

今でこそ、ナイトタイムエコノミーの文脈で多くのデベロッパーが夜間帯を活用した都市開発の可能性を検討し、実際に多くの開発案件で夜間活用のコンセプトが入るようになった。しかしながら、風営法改正前からこの議論に付きあってくれたのは、唯一、森ビル株式会社常務執行役員の河野雄一郎さんだけだったと記憶している。河野さんからは、夜間の都市活用という視点で、多くの有益な意見をいただいた。

あるとき、森ビルが手がける六本木ヒルズ内のホテル「グランドハイアット東京」で開催されているディスコイベントを視察させてもらったことがある。「クラブ・シック」という往年のソウルミュージック、ディスコソングを中心にＤＪが選曲するイベントである。

客層は、50代以上を中心に若い客層も目につく。若いころにディスコを経験し、遊びを知る世代は今、仕事や子育ても落ち着き、金銭的余裕もある。しかしながら、おしゃれをして遊びに出かける場所がない。そんな大人の世代をターゲットにしているこのディスコイベントのチケットは毎回完売する。イベント当日も大盛況であった。往年のディスコミュージックに合わせ、ミラーボールにキラキラと照らされながら、皆同じ振り付けでダンスをする姿は圧巻である。

グランドハイアット東京で開催されている
ディスコイベント「クラブ・シック」

会場はホテル内のボールルームである。結婚披露宴などが入りにくい平日夜は比較的空いている。ディスコイベントを運営するスタッフはホテルのサービススタッフで、改めて教育をする必要もない。機材はレコードプレイヤーのみでバンドセットのような大掛かりなものも必要ない。

演出のセンスに強いこだわりを感じたが、特に高額の費用を投じるようなものではなかった。もっとも、風営法により深夜12時以降の営業はできない。訪れている人たちは朝まで踊るという客層ではないであろうが、12時ちょうどに終えるのも興ざめだろう。終電の時間を気にすることなく、タクシーで帰れる経済的余裕のある人たちにとって、もう少し遅くまで営業するニーズはありそうだ。

都市の中で、夜間に活用されず死んでいる場所は多い。このような場所を、夜ならではのセンスでキュレーションし、日中とは別の顔をつくり、別の客層を呼び込む。グランドハイアット東京のディスコイベントは、夜の余白のような場をうまく活用し、成功している例であろう。

再開発によって、その街に紡がれてきた人々の記憶や歴史が、建物とともに取り壊され、経済合理性に則った高層ビルに様変わりしていく。効率的で便利だが均質化していく街。そこにかつての伝説のディスコを復活させることで、当時の記憶を呼び戻し、新しい歴史を紡いでいく。グランドハイアット東京のディスコイベントは、六本木の街が持っていた人間らしくセクシーな魅力を取り戻すための試みに映った。

後述するナイトメイヤー・サミット（5章参照）では、ベルリンの行政担当者が「ベルリンは経済的には貧しいかもしれないが、世界一セクシーな街である」と自慢げに宣言していた。南米を中心に活躍する都市開発の専門家は、都市にいかにミステリアスな要素を残すかが重要だと力説していた。これまで日本の都市開発においてセクシーさやミステリアスといった人間的な評価軸を持てていただろうか。都市に文化的で奥行きのある魅力をつくっていくために、夜間の都市活用は欠かせない。そのために風営法改正に想いのあるデベロッパーにも必ず参加してもらう必要があった。

飲食業界の参加

日本のレストランやバー、カフェではどこでも大抵リーズナブルでハイクオリティな料理を提供している。食事での差別化は、一部を除いてかなり難しいだろうと素人感覚で想像する。では私たちはなぜ、わざわざその店まで出向き、代金を支払って料理や酒を注文するのだろうか。それは、そこにしかない体験価値があるからである。味はもちろん、料理の背後にあるストーリーや、料理のプレゼンテーションまで含めての体験がコンテンツとなる。

料理に加え、サービスやインテリアが重要であることに異論はないであろうが、その場所ゆえのユニークさ、たとえばスピーク・イージー的な驚きも新鮮な体験を与えてくれる。スピーク・イージーとは禁酒法時代に隠れてアルコールを提供していた場所である。当時のバーは一見するとバーや酒屋とはわからないしつらえで、床屋、薬局、洋服店などの奥で隠れて営業していた。薬瓶に似ているボトルの酒は今でもあるが、禁酒法時代のなごりである。

あるとき、北海道のニセコを訪れた際、現地の友人から雪山に埋まっている冷蔵庫の前に連れて行かれたことがある。赤と白の冷蔵庫の扉はコカ・コーラ社のものだと思うが、一面に大量のステッカーが無造作に貼られており、冷蔵庫自体アート作品のようでもある。友人はおもむろに冷蔵庫の扉を開け、屈みながら冷蔵庫の中に入っていく。後を追うように中に入ると、突如としてオーセンティックなバー「Bar Gyu+（バーギュータス）」が現れた。冷蔵庫からは想像もつかないくらい店内は広く、天井高がある。バーテンがシェーカーを振り、DJが音楽で空間を演出するなかで、多くの外国人観光客が賑やかに盛り上がっている。さっきまでの雪に包まれた外の静寂が、冷蔵庫に入ると賑やかなバーに一転するこの演出は、エンターテインメント的な体験にほかならない。

ニセコの「Bar Gyu+」の入口

また、近年、レストランやバー、さらにはホテルのラウンジ、屋上でDJが選曲をすることが増えている。空間デザインは、内装にとどまらず、照明やアロマのデザイン、さらには音楽によるブランディングまで取り入れられている。飲食に加え、空間全体を五感で体験する店舗プロデュースである。DJイベントを開催して集客効果を狙うのではなく、あくまで店舗ブランディングの一環としてDJが活躍しているのが面白い。

また、これまで飲食店とエンターテインメントの接点は意外と少なかったが、ショー・パフォーマンスやライブ・パフォーマンスと飲食とのコラボレーションのポテンシャルは大きい。後に紹介するイビサ島のエンターテインメント・レストランなど欧米を中心にさまざまな成功例があるが（5章参照）、日本ではまだ未開拓である。

飲食店に音楽が流れ、時間も深くなれば、自然と体を揺らしダンスをして盛り上がる客も出てくるだろう。これが風営法にいうダンスをさせる営業に該当するかは明らかではないが、違法となりうるグレーゾーンである。飲食店からすれば、風営法は、飲食店の音楽による演出や、食と音楽のコラボレーションを阻害していると言える。

3　ボトムアップ型フレーミングの実現

さまざまな現場知を集めるマルチステークホルダー・プロセス

ダンス議連では、このような多様な関係業界と関係をつくり、密なコミュニケーションをとりながら、風営法の問題点をフレーミングするようにした。そのほか、レッツダンス署名推進委員会やCCCC、ダンススポーツ連盟など署名運動からのステークホルダーも当然議論に参加した。

風営法改正の目的は、既存産業を合法化することではなく、産業のアップデートである。そのためには、多様な人たちを巻き込むオープンな議論によって、多角的に問題をフレーミングしなくてはならない。重要なのは、特定の業界がイニシアティブをとる密室的なフレーミングではなく、多くのステークホルダーによるボトムアップ型のフレーミングを志向することである。

これは、「マルチステークホルダー・プロセス」と呼ばれるルールメイキングのプロセスに近い。特定の業界や個社がイニシアティブをとる方法ではなく、三者以上のステークホルダーが対等な立場で参加・議論できる会議を通し、単体もしくは二者間では解決の難しい課題解決のために意思疎通を図り合意形成をしていく手法である。

マルチステークホルダー・プロセスは、持続可能な発展のための社会課題を解決する合意形成手法として実践されてきたが、ルールメイキング全般の方法論として、極めて有効な合意形成プロセスである。

先に述べた通り、不動産デベロッパーから見た夜の価値と、ライブ・エンターテインメント業界から見た夜の価値は異なるし、風営法の問題点の捉え方も異なる。さまざまな業界の複眼視点を集めるのが重要である。そして、この複眼視点は各業界の実務に根ざしたものである必要がある。ルールメイキングの一つの失敗例が、ルールを現場に当てはめたときに使えないというパターンであろう。幅広い業界に参加を促すのは重要であるが、幅広くすることで議論が実務から離れた抽象的なものになるようなことがあってはならない。机上の政策議論に陥らないためには、多くの一次情報、現場知に触れるのがマストである。ルールと現場を常に行き来し、現場知からルールメイキングをレビューする。現場知に根ざす多様な業界における複眼視点を得られること

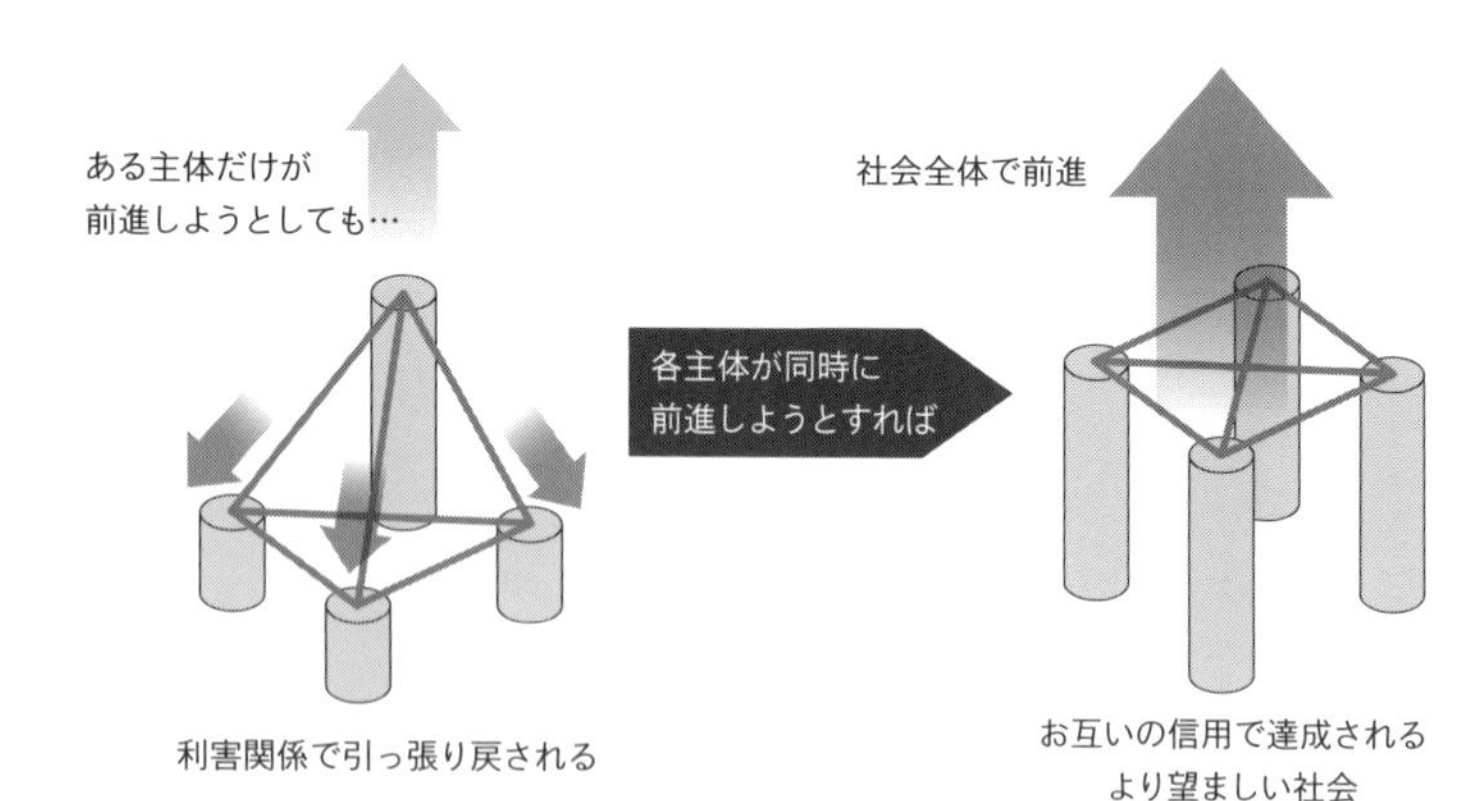

マルチステークホルダーのしくみ（出典：内閣府資料を元に作図）

が、マルチステークホルダー・プロセスの肝である。

さらにマルチステークホルダー・プロセスは、ステークホルダー間の合意形成を図る手法としても有効である。規制緩和は新規事業者の業界流入を促すため、既存業界との衝突を起こしやすい。ステークホルダーが各自の利益のみを主張すると、利害が対立してしまう。そうなると、プロジェクト全体を前に進めることができず、結局、ステークホルダーの利益が実現できない。あたかも「囚人のジレンマ」のような状況に陥ってしまうのである。そこで、情報をオープンにし、各ステークホルダーを疑心暗鬼にさせず、皆が全体のために動くであろうという信頼関係を構築しながら、合意形成をしていくプロセスをつくっていくのが極めて重要となる。

このような観点から、ダンス議連では、多様な関係者に開かれ、それぞれが対等な立場で発言し議論できる会合を度々設け多くの関係者に参加してもらったし、私の事務所に多くの関係者を招き定期的にミーティングを行った。こうした会合への参加が難しい人たち向けのメーリングリストもつくり、できる限り情報や意見交換ができる環境を整えた。

多様なステークホルダーをまとめる新しいリーダー像

「いつも寝ぼけまなこでぬぼーっとしており、相手を警戒させない。彼が言うなら仕方ないか、と思わせる不思議な雰囲気がある。『ふわっとしてるんですよ、僕。人とぶつかることがあんまりなくて』」

『ルポ風営法改正』の著者である神庭さんは、著書で私の言葉を引用しながら、私のことをこのように紹介している。私のことを知っている人なら、納得の描写だろう。もう少しシャキッとしなければと反省しているが、まさにその通りである。

しかしながら、マルチステークホルダー・プロセスにあたっては、この寝ぼけまなこが適している場合もある。落合陽一氏の『日本再興戦略』（幻冬舎、2018年）に新しいリーダー像に関するこのような記述がある。

「これまでのリーダーの理想像は、一人で何でもできて、マッチョで、強い人でした。中央集権的なリーダーです。これをリーダー1・0と名付けましょう。しかし、これからのリーダーは、すべて一個の独立した完璧な個人である必要はありません」。「リーダー2・0時代のリーダーは、すべて自分でできなくてもまったく構いません。何かひとつ、ものすごくとがっている能力があればよくて、足りない能力は参謀などほかの人に補ってもらえばいいのです。リーダー2・0時代のリーダーのひとつ目の条件は〝弱さ〟です。共感性の高さが求められるのです」

マルチステークホルダー・プロセスにおいても、優秀で強権的なリーダー1・0は必要ないというより有害である。さまざまな意見を引きだすために自分が出すぎてはならない。いかに多くのステークホルダーから共感を集められるかが肝である。仮に誰かカリスマ的なクラブプロデューサーが風営法改正を主導したら、その人が抱くクラブの世界観を具現化する風営法改正になってしまうかもしれない。しかし、そんな風営法改正はフェアではないし、その結果として生まれるクラブを楽しめる人は極めて限られてしまうであろう。

もっとも、マルチステークホルダー・プロセスには難しい点もある。「多様でオープンな対話」でお互いの空気を読み、調整を重ねて合意された内容は、間を取ったような無難なものになってしまう恐れが常にある。また一歩間違えると、皆が言いたいことを好き勝手に言うまとまりのない雑談になりかねない。実際に会合では、警察に対する愚痴の域を出ない議論、業界内部の小さな小競りあいのような話も出る。自由に発言するだけでは、その会議は取り散らかって終わる。

対話を通じた合意形成のプロセスである以上、アジェンダを決め、それについて具体的な議論をして合意形成にもっていかなければならない。多様な参加者による議論を尊重しつつも、議論を導くある種の強いリーダーシップが必要である。これはリーダーシップというよりマネジメントと言ってもいいかもしれない。もっとも、ただの調整型のマネジメントではなく、実際にゴールを決めるためのマネジメントである。

「黒子のバスケ」という、漫画を知っている方は、主人公の黒子テツヤをイメージするとわかりやすい。キセキの世代と呼ばれた凄腕のプレイヤーが集まるバスケットボールチームがあった。メンバー全員が桁外れの運動能力、そしてアクの強い個性的なキャラクターを持つ。その中に1人、運動能力がそれほど高くない、チームの中で存在感の薄い選手がいる。これが主人公の黒子テツヤである。黒子テツヤは自身で点数を入れることもできないし、ゴールを守ることもできない。存在感は薄く、いるのかいないのかもわからない。しかしながら、黒子テツヤがいないとチームが機能しない。なぜなら、彼は絶妙なパス回しで、プレイヤーたちを有機的につなげ、チームとしての動きをつくっていくからだ。点にすぎなかった選手が線としてつながり、面として機能していく。実際にチームを操っているのはそんな黒子役であり、アクの強い選手たちの間に対立が生まれてしまうであろう。いきなり漫画の話になってしまったが、これがマルチステークホルダー・プロセスにおけるリーダーシップのイメージである。

風営法改正の方向性を示した中間提言

このような対話のプロセスを経て、2013年11月27日、ダンス議連の中間提言が取りまとめられ、法改正の方向性が示された。

風営法改正の目的は、クラブで朝まで踊ることではなく、ダンス文化のポテンシャルを幅広く伸ばすこととしている。対象施設としては、クラブだけでなく、カフェやバー、レストラン等の飲食店、ライブ演奏を楽しむライブハウスやギャラリーなどさまざまな場を想定し、まちづくりという視点を強調している。

また、「成長戦略」という言葉を使うことで、既存の業界を保護するのではなく、新しい産業にアップデートしていくための法改正であることを明示し、新しい産業が生みだす経済的なインパクトも強調している。

そして、ダンスを提供する施設について、その営業時間、面積要件等を見直すことが明確に示された。他方で、未成年者の立入禁止等について自主規制の整備を定め、さらに地域が連携して課題を解決することも明記された。

中間とりまとめ提言

現在我が国では、ダンスに関わる施設を提供する営業は、風営法第2条1号から4号に規定され、当時、売春等の温床となっているとの理由でダンスする行為そのものが規制の対象となった経緯がある。しかし、今日、ダンスをめぐる状況は大きく変化し、ダンスは学校においても教科として取り入れられ、当時のダンスホールのイメージから歩行者天国やイベント会場でのダンスパフォーマンス、そして営業形態もディスコやクラブへと変遷し、カフェやバー、レストラン等の飲食店、ライブ演奏を楽しむライブハウスやギャラリー等においてもダンスの活躍のニーズが上がってきている。また、夕食後に飲酒や会話と共にダンスを楽しむことは世界的にも、必須のエンターテインメント要素となっており、クラブ等で活躍するDJやアーティストは世界的評価を受け、我が国のサウンドシステム等の音響映像機器は世界トップのシェアを占めるに至っている。しかし、ダンス文化を形成してきたアパレル企業やレコード会社、音響機器メーカーなど、本来、ダンスイベントやDJ等をスポンサードできる立場にある健全企業が、グレーゾーンゆえにスポンサードできず、クラブ文化を経済的にバックアップする環境も乏しくなっている。

成長戦略のコンセプトとしては既存のクラブ保護にとどまらないより大局的な視点が必要であり、ダンス文化のポテンシャルを伸ばし、魅力ある街づくりのために活用していくという発想が極めて重要であり、フレッシュなアイデアや健全な資本を招き入れていく必要がある。この様なダンス文化の社会的環境の変化を踏まえ、風営法に於けるダンス規制を今日の社会情勢に合わせて見直す必要が生じている。

当議連における各業界や利用者からのヒアリングによれば、周辺の商店や住民は酔客、或いは騒音の取り締まりを求めており、コンビニ等で24時間酒を買うことができ、路上でも飲むという行為に対し、疑念を持っている。ダンスをする行為そのものを規制の対象とすべきとの意見は聞かれず、むしろ2020年の東京オリンピックに向けた開催都市としての「おもてなし」の要素としてダンスを楽しめる場の充実を求める声も多く聞かれた。

当議連としては以下の対策の必要性の認識に立ち検討を進めると共に、関係先による規制のあり方などにつき改善を求めると共に引き続き法整備について提言をしていくものである。

①ダンスを提供する施設が、風営法の規制対象であるが、時代にあわせた在り方を検討すること。（営業時間、面積要件等）

②ダンスを提供している営業形態の店舗は、深夜未成年の立ち入り禁止・ゴミ問題、騒音などに対し自主規制体制の整備に努めること。

③繁華街等における、酔客、騒音、ゴミ問題等については、飲食店、コンビニ等と周辺住民などが十分協議をし、きれいで安全な街づくりという観点から関係自治体等も含めて改善方策について検討を行う。

④ダンス文化を成長戦略のコンセプトとしてとらえ、魅力ある街づくりの為に活用していく。

以上

ダンス文化推進議員連盟

3章　ルールを変える——規制緩和を阻む壁を突破する

1 政府の政策課題に載る

政府の規制改革会議へのアプローチ

ダンス議連での議論に加え、法改正を推し進めるための、もう一つ大きなプラットフォームが発足した。2013年9月、政府の規制改革会議において、風営法ダンス営業規制の見直しについて検討することが決まったのである。

規制改革会議とは、経済成長を妨げているさまざまな公的規制のあり方について審議する内閣総理大臣の諮問機関である。いわゆるアベノミクスの三番目の矢「成長戦略」の一つに位置づけられ、長年にわたり民間の創意工夫の障害となっている岩盤規制の改革を目的としている。第二次安倍政権の発足にあたり、安倍総理大臣は「規制改革は、安倍内閣の一丁目一番地であります。成長戦略の一丁目一番地でもあります」と述べ、規制改革は非常に重要な政策課題と位置づけられた。

規制改革会議において重点的に取り扱われていたテーマは「健康・医療」「エネルギー・環境」「雇用」「創業」の4分野である。どれも国民生活や経済成長に影響を与える大きなテーマである。風営法ダンス営業規制はメディアにも多く取り上げられよく知られてはいたが、他のテーマに比べるとかなりニッチである。というよりも、草の根的なルーツを持つクラブカルチャーは経済的な成長戦略とは本来相容れない関係にある。

では、なぜ風営法ダンス営業規制が政府の規制改革会議の検討対象となったのか。

これも前述したアジェンダ・セッティングの問題である。政府に強力なコネクションがあったから、というわけではもちろんない。規制改革会議とつながりがある議員からの紹介がきっかけで、事務局と数回の打合せを持ち、実際に会議で取り上げられることになった。

夜間市場の拡大という成長戦略へのフレーミング

事務局との打合せでもっとも意識したのは、規制改革会議の政策課題に対してアサーティブな提案をするということである。アサーティブとは、相手方の立場を考慮に入れ、受け入れられやすい形で主張することを意味する。自らの要望の押し売りではなく、相手方の課題を解決する方法を提案する形で自らの主張を展開するアプローチである。

提案先の課題は何か。規制改革会議が目指すのは、規制緩和による経済成長である。風営法改正という規制緩和により、どのような経済成長が得られるのか、成長戦略という文脈に沿ったフレーミングが必要になる。

ここで提案したのは、「規制緩和による新しい時間市場の創出」というコンセプトである。規制が成長を抑止している産業分野にもいろいろある。たとえば、情報関連法規や知財規制はテクノロジーを活用した新分野での産業創出を阻害しているし、中央集権型の統治機構が地方創生等の産業の地理的拡大を阻害している。それらと同じレベル感で考えると、都市の時間活用を阻害しているのが風営法なのではないか。1948年に制定された風営法は、夜は寝るものであるという価値観のもと、深夜は飲食営業のみ可能とし、加えて営業として遊びを提供することは許していない。しかし、そのような価値観は過去のものとなり、ライフスタイルや働き方は多様化し、それぞれの時間帯に消費活動があり、市場がある。夜間の市場を活用することで消費を拡大できるのではないか。このようなコンテクストで「時間市場」という概念を考え、「風営法改正は時間市場を創出する成長戦略である」と規制改革会議に提案した。

ダンス議連はダンス産業の拡大を目指し、規制改革会議は夜間市場の拡大を目指す。横軸でダンス産業規模を拡大し、縦軸で時間を拡大させる。要望としては、ダンス議連と同じく風営法改正であるが、そのアプローチはまったく異なる。

後のナイトタイムエコノミー議連のコンセプトにつながる、規制緩和による新しい時間市場創出というフレーミングである。このような視点から、規制改革会議のワーキンググループでは夜間が持つ可能性について幅広い議論を展開していった。

治安悪化を懸念する警察庁へのアプローチ

もちろん、規制緩和には対立するステークホルダーとの調整が必要となる。規制改革会議のワーキンググループには、警察庁も参加した。警察庁はその時点で閣法（内閣提出法律案）提出について消極的であり、十分なコミュニケーションがとれていなかった。規制改革会議は警察庁の意見を聞ける貴重な場であった。

２０１４年1月開催のワーキンググループにおいて警察庁の楠芳伸保安課長は、騒音や酔客への苦情、喧嘩や殺人事件の発生などの例を挙げ、「現時点において客にダンスをさせる営業に対する風営法の規制を撤廃してしまうことは難しい」との考えを示した。

この考え方に対する反論として、ダンスやクラブカルチャーの価値をいくら主張しても、議論は噛みあわない。ダンスやクラブカルチャーの素晴らしさと治安は別の問題である。話を前に進めるためには、ここでもアサーティブなコミュニケーションが求められる。

警察庁が懸念する課題は治安悪化であるが、治安改善を求める思いはクラブ事業者側もまったく同じである。治安が共通の課題であることをまずは確認しなければならない。次に、治安を悪化させないためにどのようなアプローチが必要かという議論に進んでいくべきである。

では、はたしてダンス営業を規制することは、治安維持のアプローチとして有効であろうか。署名運動中にシンポジウム等で行った議論を、警察庁との対話の中でアサーティブに深めていった。

風営法が制定された１９４８年当時と違い、今はダンスと治安悪化や風紀の乱れを関連づけるのは困難である。むしろ、社会実態と離れた法規制をすることでかえって治安面で問題が出ているのではないか。法的にグレーな営業を強いることで、所轄警察に協力を得ることはできないし、商店街組合等にも加盟することができず、地域との連携をとることもできない。また事業者がまとまり業界として治安対策を講じることもできない。

たとえば、店内で喧嘩が起き負傷者が出たとしても、警察や救急を呼ぶことは困難である。反社会的勢力が何らかの問題行動を起こしたとしても、警察への協力を求めることができないばかりか、そこにつけ込まれてしまう可能性すらある。実態に適合しない法規制が、グレーな事業者を生み、多くの危険をはらむ営業を強いてしまっている可能性がある。

これまで繰り返ししてきたそのような主張が、規制改革会議の場で、多くのクラブを擁する六本木商店街振興組合の理事より現場の声としてあがった。たしかに商店街にも酔客による苦情は多く寄せられる。繁華街が小・中学校、高校の通学路になっており、通学時間帯の酔客による苦情はとりわけ多い。酔客関係のトラブルは大きな問題であり、解決しなければならない。もっとも、それがクラブの客なのかはわからない。居酒屋、カラオケ店、接待系の店舗、アルコールを販売するコンビニ等、さまざまな場所で人々は飲酒する。クラブの深夜営業のみを禁止することで、酔客のトラブルが解消するとは思えない。

むしろ、深夜営業を禁止することで、事業者の顔が見えなくなる。商店街組合の会員になってもらうこともできず、地域の問題を協力して解決することができない方がリスクである。2020年の東京オリンピック・パラリンピックに向けて多数の外国人ゲストが日本を訪れ、クラブを利用する機会も多くなる。万が一、VIPも含むそのようなゲストが何らかの事件に巻き込まれてしまった場合、日本では夜12時以降のクラブ営業が禁止されているので、警察を呼ぶことはできないと説明するのだろうか。はたして、外国人ゲストにそのような説明をして理解してもらえるのだろうか。

規制改革会議で出された六本木商店街振興組合理事の意見からも、街の治安を守るために風営法改正は必要であるということが明らかである。合法的に営業してもらえる適切なルールを定め、警察や地域との関係を構築し、業界としてまとまり、安全な営業に向けて啓蒙や自主規制の策定等を行うことで街の治安を守る。

つまり、ダンス営業と警察庁が懸念するトラブルとの関連性は低く、深夜営業を適法にし、できる限り参入規制は下げるべき、ということになる。

適法に事業参入できない原因は大きく三つある。①営業時間が夜12時(地域によっては1時)に限られていること、②最低客室面積が66㎡とされていること、③営業できる地域が一部の商業地域に限定されていることである。この三つの規制を緩和した上で、適法に営業できるようにし、その代わりに事業者にトラブルなく営業をさせ、さらにそれを業界団体が組織的にもサポートし、監督する。

また、営業許可は一度与えてしまうと、警察が継続して営業内容をチェックすることは困難である。営業許可は、参入規制という〝点〟のみでの規制であり、規制当局が事業内容のリスク管理に継続して関わる、すなわち〝線〟でのマネジメントが困難な規制構造なのである。実効的なリスク・マネジメント型へのシフトが求められる。そして、リスク・マネジメント型にシフトし、適法に事業参入できるようにすることで、中長期的には、コンプライアンスの遵守が必要な大企業の参入を促すこともでき、業界の健全化も図られる。

規制改革会議、ダンス議連、いずれも概ねこのような方向で議論は進んだ。

そして、２０１４年5月12日、規制改革会議が、警察庁に対して風営法改正を求める意見書をまとめた。ダンス教室に対する規制を完全撤廃し、クラブについては「風俗営業から除外した上で、深夜営業を可能とし、騒音等の各種問題に対して有効に対応できる新たな規制を導入すべきである」という、概ね事業者の提案に沿った内容である。

2　誰もが確信していた議員立法成立

改正風営法を議員立法へ

タイミングをほぼ同じくする5月16日、ダンス議連が改正原案の概要を発表した。風俗営業からダンス営業を除外し、深夜営業も可能とする。ただし届出が必要であり、届出にあたって必要な客室の最低面積は現行の66㎡から9・5㎡以上とし、カラオケ店と同程度の地域で営業可能とするという内容である。

ダンス議連は、この内容に沿って、着々と改正風営法案を作成しており、その法案を議員立法（議員提出立法案）として通常国会に提出する方針を固めていた。ダンス議連所属の各議員は、それぞれの政党で議員立法提出に必要な党内手続きを進めていたが、いずれも滞りなく進み、自民党を除き各政党で必要な手続きは概ね完了した。自民党も6月5日に開催される内閣部会、政調審議会の承認を経て党内手続きを問題なく終える予定であった。

事態が大きく動いたのは、内閣部会の2日前だった。

ダンス議連事務局長の秋元議員から連絡を受けた。緊急事態とのことで、急いで議員会館に出向いた。議員会館の部屋に入った瞬間、異様な雰囲気に包まれているのを感じた。小坂議員と秋元議員は電話で、改正風営法案について誰かに必死に働きかけをしている様子である。

電話の合間をみて、小坂議員と秋元議員が状況を説明してくれた。少し前から、警察庁と「全日本ダンス協会連合会」（ペアダンスの事業者団体の一つ。以下、全ダ連）が議員会館を回り、風営法改正に反対するよう自民党議員にレクチャーをして、すでに多くの議員が、法案提出に反対するという意見表明をしているとのことであった。内閣部会での了承を得るためには全会一致が必要とされている。今のままでは、おそらく内閣部会で承認を得るのは難しいだろうと、小坂議員と秋元議員から説明を受けた。

反対している議員の名前を聞いたが、これまでダンス議連や規制改革会議での議論には一切参加したことがない議員ばかりである。風営法改正を懸念する人たちに対しては、懸念点を解消するために丁寧に議論をし、対策を講じてきたつもりである。議論に加わっていたのであればともかく、まったく議論に参加していない議員が突如反対するのは納得できなかった。これまでの議論はなんだったのか。懸念点があるのであれば、なぜもっと早いタイミングで言ってくれなかったのか。

しかし、小坂議員や秋元議員は、怯むことなく、次から次へと議員に電話をかけ、懸命に説得を続けてくれていた。

潰された改正風営法案

内閣部会当日、私は特別に許可を得て傍聴することができた。小坂議員と秋元議員が司会を務め、改正風営法案についての審議が行われた。

開始早々、早速、反対する議員が手を挙げた。違法薬物の温床になっているというのが反対理由だった。ダンス議連でも規制改革会議でも、違法薬物については真剣に議論した。ＤＪやミュージシャンはキャンペーン運動を中心とした違法薬物対策を講じてきた。事業者は業界団体をつくり、ガイドラインを策定して警察と連携をとろうとしていた。ダンスと違法薬物の関連性についても議論したし、法的にグレーな状況で営業しなければならない現状がかえって薬物の取り締まりを困難にしている状況についても議論した。しかし、こうしたこれまでの取り組みをまったく認識せず、反対を主張された。

他の反対意見として、そもそも夜は寝るものであるという意見もあった。朝起きて会社に行き働く。そんな勤労の喜びを削ぎかねないのが風営法改正であるという。また、ダンスはいいがクラブでのダンスはよくない、という意見もあった。中学校のダンス必修化はそもそもヒップホップダンスなんて入れるべきではなかったし、大人が楽しむのであれば舞踏会みたいなものがいいという意見も出た。こうした意見には、現在の社会で求められているライフスタイルの多様性という発想は1ミリもない。

客室面積や地域規制についての具体的な意見も出た。66㎡に満たない客室面積で、繁華街から離れたところにある店舗は風俗営業を取得できない。そのため、改正法案ではいずれも規制緩和し、適法に営業できる店舗を増やす内容となっていた。しかし、ある反対議員からは、隠れ家クラブは隠れてやるべきだ、という意見が出た。小規模で繁華街から離れた場所にある店舗は適法に営業するべきではない。事業者を違法な状況に置くことで営業を慎重に行わせ、もってトラブルに対する抑止力とするというロジックのようである。近隣への配慮から地域規制の範囲を見直すべき、という意見ならまだ理解できる。そうではなく、違法状態で営業させるべきという意見である。まさに身も蓋もないとはこのことである。

私は、このような主張を目の当たりにして、ある種の無力感とともに、風営法改正に対して諦めの気持ちを抱きかけた。真っ当な意見なら反論することができる。しかしながら、どの意見も反対という結論ありきで、理由はこじつけにしか聞こえなかった。こじつけだが有無を言わさない状況。何らかの力が働き、結論はもう出ているのである。

しかし、風営法改正を強力にリードした小坂議員と秋元議員からは、間髪入れない反論が加えられた。

「私たち国会議員にはわからないかもしれないが、夜を活動の拠点にしている若者がいる。そこで文化を生みだし、生活の糧を得ている人たちがいる。自分に理解できないから、あるいは好きではないからといってそのような人たちの場を奪うなんていうことは絶対にしてはならない」と。

夜間には巨大な経済的ポテンシャルがある。風営法改正には、急増するインバウンド観光客も睨み、成長戦略として夜間市場を創出するという狙いもある。しかしながら、小坂議員たちの反論は、夜には立派な経済的価値や文化的価値があるという論法をとらなかった。

価値があるから認めてくれという論法は諸刃の剣である。ひるがえって価値がないことは否定していいという議論につながる。誰かにとっての価値のあるなしを国が判断していいのであろうか。

そうではなく、小坂議員たちが繰り返し強調していたのは、多様な価値観を否定すべきではないということである。もちろん夜眠りたいのであれば眠ればいい。それを否定することはもちろんできない。そうであれば、同じく、夜に働き、遊び、生活をしている人の生活を否定することもできないはずである。

私たちには、さまざまな時間軸で生活する自由、ライフスタイルの多様性が保証されている。どこで誰と住み、どのような仕事に就き、どのような服を着て、何を食べ、どのような趣味を持ち、どのようなライフスタイルを選ぶかを決めることができる。そこにはどのような時間軸で生活するのかという選択も当然に含まれているのである。

小坂議員と秋元議員は最後まで粘り強く反論してくれたものの、結局、内閣部会での承認を得ることはできず、議員立法は断念せざるをえなかった。

しかし、この内閣部会での激しい議論は、後のナイトタイムエコノミー議連での政策議論、基本コンセプトづくりで活きてくる。

3　閣法制定へのプロセス

議員立法から閣法制定へ

内閣部会の終了後、与党審査が通らなかったことを聞いた事業者たちは落胆の色を隠せなかった。内閣部会直前までは、議員立法が成立すると誰もが思っていた。トントン拍子に法改正直前までできていたなか、いきなり厳しい現実をつきつけられたのである。

話を聞いてくれた議員も多くいたのは事実であるが、いくら一生懸命話しても無駄としか思えない議員もそれなりにいた。協力を求めた企業でも同様の対応をされるところは多々あった。そのような人と話した後の帰路ほど虚しいときはない。なんでこんなことをしているのかと、背後からじりじりとニヒリズムが忍び寄ってくるのである。

当時のメールを読み返すと、議員立法が通らなかったことに対する慰めの言葉、これまでの努力に対する慰労の言葉が並ぶ。どの文面からも風営法改正は残念ながら終わった感で溢れている。心が折れる、とはこんな状況を言うのであろう。

しかし、今振り返って考えると、そんな簡単に風営法改正が実現するはずがない。このくらいは当然に想定しておくべき範囲であろう。ルールメイキングにおいては、粘り強い交渉が必要となる。政治や社会に幻滅するのは時間の無駄である。幻滅している時間があれば、たとえ一歩でも前に進むべきである。

事実、小坂議員と秋元議員はすでに次のアクションに移っていた。このとき私は、小坂議員、秋元議員から、連日のように連絡をもらっていた。

ダンス議連はまったく諦めていない。内閣部会から数日の間に、議連と警察庁は密な協議を行っていた。その結果、警察庁は、これまで頑なに拒否していた閣法制定の意向を示すに至っていた。しかしながら、これまでのダンス議連や規制改革会議での議論を無視した勝手な内容での閣法制定は容認できない。ダンス議連としては、議員立法というカードは強く持ったまま、警察庁が策定する閣法の内容を厳しくウォッチすることにした。

内閣部会から5日後の6月10日、ダンス議連は、通常国会への法案提出を断念すると発表した。そして13日には、古屋圭司国家公安委員長が、秋の臨時国会に閣法として風営法改正案を提出する方針を表明する。

議員立法から閣法制定へのシフトである。もちろん、議員立法が通らなかったのは残念である。しかし、少なくとも、これまで絶対に動かなかった警察庁を閣法制定に向けて動かすことには成功した。これは大きな前進であろう。

そして、ダンス議連はまだ議員立法を諦めてはいない。議員立法を強力なカードに閣法をウォッチしていく姿勢でいる。そして、風営法は規制改革会議でも引き続き取り上げられている。ダンス議連と規制改革会議が警察庁に物を言える座組みはなお生きている。これがこの時点においては極めて重要であった。

警察庁は、監督官庁としての職責ゆえに、抜本的な風営法改正に踏みだすのは難しい立場にある。警察庁のミッションは街の治安維持である。経済成長や文化振興は警察庁のマターではない。業界が「ダンス文化を推進したい、夜間を活用して経済を振興したい」と主張しても、警察庁は「街の治安を維持できる法律の範囲でやってほしい」と回答するほかない。統治構造上の物差しが違うのであるから、警察庁と相対で議論する限り、議論は嚙みあわず平行線で終わるであろう。

そのため、警察庁と前向きな協議をしていくためには規制改革会議とダンス議連の後ろ盾が絶対的に必要なのである。逆に言えば、この座組みがある限り、まだまだ諦めるべきタイミングではない。

6月18日に、ダンス議連は総会を開催し、警察庁が策定した閣法案をベースとする修正案を叩き台として示した。修正案の内容は以下の通りである。

・深夜営業は大規模繁華街の指定地域に限る
・ダンス営業の面積要件は従来と同様66㎡以上
・午後10時前でも保護者同伴でない年少者の立ち入りを認めない
・深夜帯は、ダンスではなく、遊興として規制する

大幅な後退である。そして、ここから巻き返しが始まった。

警察庁が立ち上げた風俗行政研究会

2014年7月、警察庁は閣法制定に向けて動きだす。まず、警察庁を事務局とする有識者会議「風俗行政研究会」を招集した。風営法改正案は、警察庁の生活安全局によって作成されるが、その前提としてさまざまな意見聴取や調整が行われる。それを行うための諮問会議が風俗行政研究会である。

風俗行政研究会のメンバーは以下の通りである。中立的な立場ということであろうが、ダンス業界やクラブ業界に通じている面々ではない。

・NPO法人日本ガーディアン・エンジェルス理事長、小田啓二氏

・学習院大学教授（行政法）、櫻井敬子氏
・シンクロナイズドスイミング五輪メダリストで三重大学特任教授、武田美保氏
・新宿区長、中山弘子氏
・株式会社電通 法務マネジメント局長、永江禎氏
・首都大学東京法科大学院教授（刑法）、前田雅英氏
・明治大学理工学部教授（都市計画）、山本俊哉氏

私は、ダンス議連や規制改革会議と同様、民間側の取りまとめ役的な立場で会議に参加することになった。民間側の参加者は、ダンス議連や規制改革会議と重なる。ナイトクラブ協会や音楽バー協会、ダンススポーツ連盟等のペアダンス業界、さらには、森ビルの河野さん、タイムアウト東京の伏谷さんも出席した。

骨抜きにされそうになる法改正

風俗行政研究会の初回は7月15日に開催された。これまでのダンス議連や規制改革会議では、いかに無駄な法規制をなくしていくかという方向性で議論がなされた。しかし、風俗行政研究会の雰囲気は異なった。

会合では、全ダ連がプレゼンをした。出会い系ダンスホール等のいかがわしい営業が出現し、これが暴力団の資金源となることが懸念されるということで規制緩和に対して反対の主張をした。

全ダ連はダンスインストラクターの認定事業を行っている団体である。同団体認定のインストラクターがいることで、ダンス教室は風俗営業から除外されることになっていた。ダンス営業が風俗営業から外されることで、認定団体としての存在意義がなくなってしまう。それゆえ、全ダ連はダンスを風俗営業から除外することにかねてから反対の立場を表明しており、議員立法提出時の自民党内閣部会直前に自民党議員に対して反対の要望を出していたのである。

これに対して、ナイトクラブ協会、音楽バー協会、CCC、ダンススポーツ連盟などはダンスを基準とした規制は合理性を欠くと改めて強く主張した。この議論は、これまでのダンス議連、規制改革会議で尽きていたので、警察庁もダンスを基準とした規制はなくすという方向で検討しているようであった。

しかし、ここで別の規制スキームが突如として現れた。照度規制である。風営法は、ダンス営業とは別に低照度飲食店営業という風俗営業の類型を設けている。10ルクス以下の照度で営業する店舗は低照度飲食店として風俗営業の規制を受け、ダンス営業と同じく深夜12時(地域によっては午前1時)以降の営業は禁止される。1959年に、深夜喫茶やジャズ喫茶など、非行少年の溜まり場になっていた薄暗い店を規制するために創設された規定で、現在はカップル喫茶や同伴喫茶などを主な規制対象店舗としている。

10ルクスの照度とは映画館の休憩時間程度の暗さである。クラブやライブハウスの多くは10ルクス以下で営業されている。クラブでは、映像や照明が音楽と並ぶ重要な演出手段であるため、客室を暗くするのは必須なのである。

風営法のダンス営業規制はなくすが、低照度飲食店営業規制は残すというのが、警察庁の新しいロジックである。クラブが10ルクス超の照度で営業することは実質的に不可能であるし、照度は計測場所・タイミングで数値に大きな差が出る。光の演出が常時繰り広げられるクラブ内において、照度は客観的な基準として機能せず、曖昧な取り締まりや摘発がなされる恐れがある。

これでは、結局クラブはグレーゾーンでの営業を強いられることになり続ける。適法に営業させることで業界を健全化し、経済的成長を図っていくという規制改革会議が目指す方向性と大きくずれている。さらに今後、クラブの演出はメディア／デジタルアートとクロスオーバーして進化する状況が生まれつつあるが、照度規制はその芽を潰しかねない。

しかしながら、風俗行政研究会は低照度飲食店営業規制を残す方向で報告書をまとめた。報告書の内容は概ね以下の通りである。

・ダンス教室などの4号営業は風営法の規制対象から除外しても特段の支障はない。
・クラブなどの3号営業のうち、照度10ルクス以下の店は低照度飲食店に分類し、引き続き風俗営業として規制していく。
・クラブなどの3号営業のうち、照度10ルクス超の店は、深夜営業する場合は「深夜遊興飲食店」という新しい類型のもとで営業する。営業は許可制であり、営業時間を除き、風俗営業に準拠した規制内容とする。

深夜遊興飲食店という新しい業態を設け、一見、深夜営業を認めているようであるが、クラブが照度10ルクス超で営業するのは不可能であることから、結局クラブは風俗営業として従来と同じ規制下に残すというのが風俗行政研究会の結論であった。

官邸とつながるキーパーソンの支援

このままでは法改正はなされるも完全に骨抜きとなる。規制改革会議からの申し入れも効いていない。規制改革会議がダメなら、さらに上の官邸へのアプローチができないか。

私は、カフェ・カンパニー株式会社代表の楠本修二郎さんに連絡をとった。楠本さんは東京の創造的発展を目指す民間の政策集団「NEXTOKYO」の活動を通して、官邸に直結し、さまざまな政策提言を行っている。楠本さんに巻き返しの協力を求めたところ、すぐに時間を割いて会ってくれた。風営法の問題はすでに報道等でご存じで、楠本さんなりの問題意識を持ってくれてもいた。照度規制で窮地に立たされていることを説明すると状況を直ちに理解してくれ、気持ちよく協力を約束してくれた。

楠本さんと会った翌日、同じくNEXTOKYOのコアメンバーでA.T.カーニー日本法人会長の梅澤高明さんから電話をもらった。梅澤さんにもこれまでの経緯とともに、照度規制が課せられた場合の不利益、対策案を説明した。さらに小箱が文化のインキュベート装置であることを説明し、66㎡客室面積要件や地域規制などの課題についても協力を求めた。

梅澤さんは、官邸での会議が近く予定されており、そこにこの問題を投げ込んでくれると約束してくれた。梅澤さんとは後日お会いしたとき、大学時代にその筋では有名なインディペンデントバンドで活動されていたことを知った。音楽的バックボーンがしっかりされているので、風営法に対しての理解も早く正確である。突然の相談だったにもかかわらず、風営法に対する強い憤りを一緒に抱いてくれ、自分事として考えてくれている印象を受けた。

楠本さん、梅澤さんからの要望を受け、官邸から指示が出たようである。警察庁は、9月下旬より、関係業界に対するヒアリングを再開。さらに9月30日に開催された規制改革会議ワーキンググループでは委員から警察庁に対して照度規制に対して疑問の声が相次いだ。

10月8日に開催された規制改革会議ワーキンググループでは、室内に照度計を持ち込み、実際に部屋を暗くして照度を計測してみた。計測してわかったことは、わずか数センチ、計測場所をずらすだけで照度が5から200ルクスくらいまで変わってくるということである。風俗営業か否かを判断する基準としては極めて不安定である。照度規制が問題であることは明らかだった。

警察庁の出した妥協案

このような議論とアクションを経て、警察庁はヒアリングに基づいて策定した妥協案を示してきた。10ルクスの基準自体は法律事項であるため動かすことが難しいが、その計測方法を営業実態に即した形で見直すというものである。

クラブやライブハウスのうち、照明による演出が重要で暗さを保つ必要のあるダンスフロアについては照度の計測対象とせず、人々が健全に滞留するために照度を保つ必要のある飲食スペースについてのみ照度の計測対象とする。照度を保つ必要がある飲食スペースは客室面積の5分の1とする。

これに対して、飲食をしながら演目を鑑賞するショー・レストランのような営業形態については客席すべてが飲食スペースになってしまうが、すべてに10ルクスを保持するのは演出上妥当ではない。そのため、営業時間の半分を10ルクス以上にすれば足りるという整理をした。照明による演出が重要となる演目中は暗くしていいが、演目以外の飲食や歓談の時間はある程度の明るさを保持するというものである。

警察庁の妥協案には疑念点はあったが、少なくとも、すべての店舗が低照度飲食店になるという最悪の事態は避けられた。

もう一点、客室面積の要件についても警察庁から妥協案の提案があった。最低客室面積を66㎡から半分の33㎡に緩和するという内容である。警察庁としては思い切った緩和案だ。接待飲食店並みの16・5㎡程度の緩和を求めたが、現時点でこれ以上の緩和は難しいとの回答であった。まずは前に進み、事業者がしっかり組織化した上で再度アクションを起こす必要がある。

そして、2014年10月24日、風営法改正案が閣議決定された。内容は概ね次の通りである。

・従来の5号営業（低照度飲食店）は新2号営業とし、クラブなどの3号営業（ダンス＋飲食）のうち10ルクス以下の店は、この類型となる。風俗営業であるため、営業時間は原則夜12時までとなる。ただし、先に説明した照度の計測方法により、多くの店舗がこの類型から外れることが可能となった。

・10ルクス超でかつ深夜に酒類を提供するクラブは、新設の「特定遊興飲食店」のカテゴリーに入る。営業は許可制で、朝まで営業できるが、具体的な営業時間や営業可能な地域は条例で定める。多くのクラブはこの類型に該当することになる。

・ダンス教室などの4号営業（ダンスのみ）は、風営法の規制対象から除外される。

課題として残ったのが、特定遊興飲食店営業の許可を取得するための条件である。具体的には営業可能な地域の問題である。また、特定遊興飲食店営業の許可が必要な店舗の範囲も曖昧である。ダンスの定義と同様に遊興の定義をいかに限定し、明確化していくか。「地域」と「遊興」。少なくともこの2点は、大きな課題として残されている。

次は、国会での内閣委員会審議である。まずはその場で慎重に議論してもらわなければならない。

国会での審議と改正法成立

２０１４年10月の閣議決定を経て、風営法改正案は秋の臨時国会に提出された。衆院解散によりあえなく廃案になったが２０１５年１月28日に開会した通常国会に再提出された。

5月27日。まずは衆議院内閣委員会での審議である。大きな論点は地域と遊興。委員会審議の前には、できる限り各政党の議員とアポをとり、地域規制と遊興の定義を中心にレクチャーを行った。

委員会当日、私は特別に委員会を傍聴させてもらった。事前レクチャーの通り、地域と遊興について白熱した議論が展開された。

まずは遊興の定義である。特定遊興飲食店営業は、「深夜＋遊興＋飲酒」のすべてを満たす営業を言う。これらを満たす店舗は特定遊興飲食店営業の許可がないと営業ができないが、逆に言うと、これらが一つでも欠ける店舗は営業許可なしに深夜営業が可能である。ゆえにこれらの解釈は極めて重要となる。

「遊興」とは、警察庁が解釈運用基準で示す定義によると、営業者側の積極的な行為によって客に遊び興じさせることとされている。極めて抽象的かつ広範な規定であり、具体的な解釈について与野党の議員から質問が相次いだ。たとえば、深夜にスポーツバーでスポーツ観戦イベントを開催するのは店側が客に遊び興じさせていることになるのか？　酒を出す深夜の映画館はどうか？　あるいは深夜の飲食店で寄席をするのはどうか？　店舗営業ではなくイベントは対象になるのか？

こうした質問に対して、警察庁からは明確な回答が出ない。このような曖昧な基準では事業者が安心して営業できないし、無許可での特定遊興飲食店営業には刑事罰が科せられる。警察庁の回答に対して議員は語気を強めて質問を繰り返した。

また地域規制についても、議員から質問が相次いだ。特定遊興飲食店営業の許可を取得できる地域は、法律ではなく、法律の下位規則である政令の基準に従い条例で指定されることになっている。法案審議の段階では具体的な地域は決まっていなかったが、かなり狭くなる見通しが警察庁から示されていた。具体的には風俗営業許可のうち深夜1時まで営業できる店舗の基準に準じるものというものである。

風俗営業は、深夜12時まで営業できる店舗と、1時まで営業できる店舗に分けられる。このうち1時まで営業できる地域は12時に比べてかなり限定される。この基準によると、12時までの風俗営業の許可を取得できている店舗でも特定遊興飲食店営業の許可を取得できない可能性が出てくる。六本木のクラブ事業者の調査によれば、六本木エリアのクラブ9店舗のうち、特定遊興飲食店営業が許可される地域に含まれるのは1店舗のみ。これでは六本木のクラブは壊滅状態になる。秋元議員を中心に、警察庁に対して政令や条例の制定にあたっては十分注意するよう厳しく指摘がなされた。

同様に、6月16日の参議院内閣委員会でも遊興の定義と地域規制について厳しい質問が警察庁に浴びせられた。

遊興の具体的定義は、警察庁が解釈運用基準によって定めていく。また地域指定は、警察庁が定める政令の基準に従い、条例で定められる。つまり、いずれも法律制定の後になされていくのである。法律はあくまで大枠のフレームにすぎず、法律制定後の警察庁との個別協議が極めて重要となる。内閣委員会審議で強く問題提起をすることで、警察庁と、その問題意識を踏まえた前向きな協議が可能となる。

このような衆参両内閣委員会での審議を経て、改正風営法は2015年6月17日の参議院本会議で可決、成立した。閣議決定された内容の通りであり、特定遊興飲食店を新設し、同営業許可取得を条件に、飲食店において朝まで遊興の提供をすることができるというものである。ダンスに関する規制はすべて撤廃され、ダンス教室等の飲食を伴わないダンス営業は風営法の規制対象から除外された。

参議院では、営業許可が必要になる特定遊興飲食店の営業形態について、警察庁の解釈運用基準で明確に定めることを求めるとともに、運用にあたって「表現の自由等憲法で保障されている基本的人権に配慮し、職権が濫用されることのないよう十分に配慮すること」という付帯決議を採択した。

そして新風営法は概ね1年以内に施行されることになった。施行までの1年間が次の勝負どころである。1年後の法施行までに、委員会審議で争点化した遊興の定義や地域規制について詰めていかなければならない。

遊興の定義の課題

まず遊興については、関係するステークホルダーを再度洗いだし、要望を出し、警察庁と協議をしていく必要がある。これまではクラブ事業者中心の法改正運動であったが、ダンスだけでなく深夜遊興全般を認める内容となったため、法改正は深夜遊興に関係する他業界にも影響を与えかねない。

コンサートプロモーターズ協会は、深夜の音楽フェスティバル開催について風営法規制に関わる。年に一度の音楽フェスティバルには深夜興行もあるが、特定遊興飲食店営業の許可を申請することはできない。特定遊興飲食店営業は常設店舗を想定しているために許可条件として店舗内部の構造要件が細かく規定されており、屋外フェスティバルには当てはまらないからだ。何より許可申請のためには55日間程度を要し、テンポラリーなイベントにはなじまない。コンサートプロモーターズ協会から警察庁に対して要望を出し、協議の上、半年に一度開催される一晩のみのオールナイトフェスティバルは特定遊興飲食店営業には該当しないという扱いが明確化された。

また、ライブハウスの深夜営業が特定遊興飲食店営業に該当するかも審議されたが、明確な結論は出ないままであった。ライブハウスは、クラブと異なり、演目を観るのが主であり、飲み物は別室で販売され、演目会場には持ち込まないことが多い。このような業態も特定遊興飲食店として規制すべきなのであろうか。

警察庁との協議の結果、飲食スペース（甲室）とライブを観る遊興スペース（乙室）とが区分されている場合には、特定遊興飲食店には該当しないことが解釈運用基準により明確にされた。

以下のような営業形態がある場合、遊興と飲食が一体として提供されているとみなされ、特定遊興飲食店営業とされるが、逆に以下に該当しない店舗は特定遊興飲食店営業の許可がなくても営業できる。ダンスフロアとバースペースが分かれているライブハウス型のクラブにも適用される。特定遊興飲食店営業の許可が取得できない地域にある店舗もこの形態であれば営業できる可能性が高い。地域規制の行方が不透明であったため、この条項には指定地域から外れてしまう店舗を救うという目論見もあった。

①甲室と乙室の料金を一括して営業者に支払うこととされている場合（食券付きの入場券を販売する場合や、入場料を支払えば飲食物の一部または全部が無料になる場合等を含む）
②客が甲室で飲食料金の精算をせずに乙室に移動できる場合
③客が乙室で遊興料金の精算をせずに甲室に移動できる場合
④乙室にテーブルがあり、客が甲室で提供を受けた飲食物を乙室に持ち込める場合
⑤乙室にテーブルがあり、乙室にいる客に対して、甲室から飲食物を運搬して提供する場合
⑥甲室にいる客が乙室でのショー、音楽等を鑑賞できる場合

また、映画館、寄席、歌舞伎やクラシック音楽のための劇場等のように、もっぱら興行を鑑賞させる目的で営まれる興行場営業であって、興行を鑑賞する席において客の大半に常態として飲食させることを想定していないものについても、特定遊興飲食店に該当しないということも解釈運用基準で明確化された。

これらについては、コンサートプロモーターズ協会に加え、日本音楽事業者協会、日本音楽制作者連盟からの要望でもある。日本音楽事業者協会、日本音楽制作者連盟はいずれも、音楽プロダクションや実演家の権利擁護、権利拡大のために活動し、音楽業界で非常に強い影響力を有する業界団体である。クラブ事業者発の風営法改正がライブ・エンターテインメント業界に悪影響を与えてしまわないよう、影響力のある音楽業界と丁寧にコミュニケーションをとり、音楽業界の意見を反映させるように試みた。

地域規制の課題

さらに、特定遊興飲食店営業の許可を取得できる地域についても警察庁と協議をしなければならない。特定遊興飲食店を設けることができる地域を「営業所設置許容地域」と言う。営業所設置許容地域は、政令で定める基準に従い、都道府県の条例で定められることになっている。そして、政令を見ると、以下の通りとなっている。

一　営業所設置許容地域の指定は、次のいずれにも該当する地域内の地域について行うこと。
イ　次のいずれかに該当する地域であること。
（1）　風俗営業等密集地域
（2）　その他の地域のうち、深夜において一平方キロメートルにつきおおむね百人以下の割合で人が居住する地域

ロ　次に掲げる地域でないこと。

（1）住居集合地域

（2）住居集合地域以外の地域のうち、住居の用に併せて商業又は工業の用に供されている地域で、住居が相当数集合しているため、深夜における当該地域の風俗環境の保全につき特に配慮を必要とするもの

（3）（1）又は（2）に掲げる地域に隣接する地域（当該地域が風俗営業等密集地域に該当する場合にあっては、幹線道路の各側端から外側おおむね五十メートルを限度とする区域内の地域を除く。）

（4）その他の地域のうち、保全対象施設（特にその周辺の深夜における良好な風俗環境を保全する必要がある施設として都道府県の条例で定めるものに限る。）の周辺の地域（当該保全対象施設の敷地（これらの用に供するものと決定した土地を含む。）の周囲おおむね百メートルを限度とする区域内の地域に限る。）

非常に複雑でわかりにくい内容であるが、要するに風俗営業店が密集しているなどの繁華街、あるいは人がほとんど住んでいない地域はOKで、住居地域はNG。さらに住居地域との緩衝エリアも必要で、住居地域に隣接している地域もNGとなる。ただし、幹線道路から50m内であれば緩衝エリアは不要である。深夜営業している病院等の保全対象施設の付近はNGである。そして、この基準に従い条例で具体的な地域指定がなされていくが、条例はすべて政令の基準を機械

的に当てはめることが予想される。そのため政令の内容が極めて重要となる。

内閣委員会審議の際、この政令の基準によると六本木エリアのクラブはほぼすべて営業許可を取得できないことになるということが議論になった。一見大規模繁華街に見える六本木エリアであるが、繁華街のすぐ裏には閑静な高級住宅街が広がっている。商業地域の中心部は住居地域に隣接し、商業地域ではなく近隣商業地域となっているエリアもある。このような実態に即した地域指定が必要である。そのため、六本木のクラブ事業者が組織化し、健全化に向けた取り組みを進めるのと並行して、地域規制についての要望を出し、ダンス議連経由で警察庁と協議を行った。その結果、本来商業地域に限定される特定遊興飲食店営業が、六本木4丁目から7丁目については近隣商業地域も含めて認められることになった。

もちろん、地域指定は六本木だけの問題ではない。他のエリアでも同様に実態に即した地域指定が必要である。ここでネックになったのが、店舗の実態把握である。どのような地域にどのような店舗が存在しているのか、その情報がない。主要な店舗の所在地は、インターネット上である程度調べることができるが、網羅することはできないであろう。音楽バー協会といった事業者団体が把握できている店舗も限られている。事業者の組織化が十分なされていない地域では、六本木エリアのように地域のクラブ事業者と関係を構築しながら警察庁と交渉することは困難である。地域規制は今後の課題として残っている。

4　ルールを実務に当てはめる最前線

法改正の現場と許可申請の現場の断絶

新風営法の施行日は2016年6月23日に決まった。この日から特定遊興飲食店営業が可能となる。しかしながら、特定遊興飲食店営業の許可は申請から許可が下りるまで、標準処理日数として55営業日を要する。そのため、6月23日目処で営業を開始するのであれば、先んじて申請を受理してもらう必要がある。警察庁との間で、このような交渉を行い、3月23日より特定遊興飲食店営業の申請を受けつけてもらえることになった。

特定遊興飲食店営業の許可申請に向けた具体的準備もしていかなければならない。

特定遊興飲食店営業の許可を得るためには、事業者ごとに申請書類を作成して所轄警察署に申請する。申請書類の作成は極めて専門的で複雑な作業を要し、一般的には行政書士の業務に属する。行政書士は、官公庁に提出する許認可等の申請書類の作成・提出手続代理を業とする専門家であり、風営法改正後の実務運用は行政書士に委ねられる部分が大きい。

風営法改正、さらには規則や解釈運用基準の策定にあたっては事業者の利益を損なわないようさまざまな調整を行ったが、法改正のプロセスに行政書士はほとんど関わっていない。また、申請を受けつける所轄警察には慣例的運用やローカルルールがある。法律の規定よりも、所轄警察のローカルルールが優先され、改正法の趣旨が骨抜きになってしまうことは避けなければならない。申請にあたって疑義が生じた場合、行政書士は、所轄警察のローカルルールや事実上の指導ではなく常に条文の文言に立ち返って検討すべきである。条文の記載が曖昧である場合、改正法の趣旨や改正に至る議論を解釈の指針とし、必要であれば法改正を実施した警察庁に行政書士から直接確認すべきである。法改正の趣旨を申請実務にしっかりと定着させなければならない。

また、深夜営業をする店舗だったとしても特定遊興飲食店営業の許可が不要な営業形態もある。たとえば、先に紹介した甲室乙室スキームなど、国会審議、それに続く解釈運用基準策定の際に議論した点である。このような議論やスキームついては、事業者はもちろん、行政書士、さらには所轄警察が知らないことも多い。ある地方都市で、所轄警察の誤った指導がなされ、本来問題なく営業できる事業者が深夜営業を自粛するというケースがあった。

特定遊興飲食店営業の許可を取得しなければならないか、取得しなくても深夜営業ができるのか、その判断は難しい。しかし、この点を検討することなく特定遊興飲食店営業の許可申請をさせ、条件を満たさなければ営業を自粛させるということはあってはならない。本来は規制業態でないにもかかわらず規制下に置いてしまうことになるからである。

法改正のバグを申請実務で洗いだす

法改正についての議論は、基本的に机上でなされる。机上で行われた議論が条文という文字に落としこまれるが、この条文を実務に当てはめるときに何らかの不都合が出ることがある。そのような不都合、いわばバグの存在は実際の申請業務に携わることでもっともよくわかる。そこで、私自身、行政書士登録を行い、実際に特定遊興飲食店営業の許可申請業務を行ってみることにした。

そして、現場の課題やニーズを知るためには行政書士と事業者の連携体制の構築も重要である。2016年4月、特定遊興飲食店営業の許可を取得し、新規に深夜営業を行う予定のライブハウス事業者が「ライブハウスコミッション」という事業者団体を立ち上げた。メンバーは、株式会社シブヤテレビジョン（O-Groupを運営）、株式会社スペースシャワーネットワーク（WWW、WWWX、WWWβを運営）、株式会社ディフェンスアンドアソシエイツ（LIQUIDROOMを運営）、株式会社デュオ・ミュージック・エクスチェンジ（duo MUSIC EXCHANGEを運営）、株式会社パルコ（CLUB QUATTROを運営）、株式会社ロフトプロジェクト（新宿Loftを運営）、有限会社ロフト（下北沢SHELTERを運営）の7社である。

これらの店舗の申請業務を中心に、申請前の事前相談、申請から店舗検査に至るまで、所轄警察、警視庁と繰り返し協議を行った。とりわけ所轄警察署の担当官とは何度も議論を繰り返した。議論は平行線になることもあったが、その都度、条文に立ち返り、担当官と一緒に条文を確認した。条文が曖昧な場合は、法改正の趣旨に立ち返り、警察側が納得できるような代替手段の提案を行い、着地点を見いだした。

所轄警察は現場の治安維持を最前線で担う責任ある立場にある。所轄警察との交渉は警察庁との法改正に向けた議論とは異なる緊張感があった。見解が対立した場合でも下手に譲歩してしまうと、それが今後の運用の際に定着してしまう恐れがある。適宜、ダンス議連や警察庁にも確認をとるなどして慎重に手続きを進めるようにした。厳しい対応もあったが、事業者側の要望にも丁寧に耳を傾けてくれ、終始誠実に対応してくれた。

このように、私自身、行政書士として改正風営法が適正に申請実務に反映されるよう、多くの特定遊興飲食店営業の許可申請業務に携わった。申請業務を行うことで、改正風営法の問題点が明らかになることもあった。

たとえば、賃借物件で特定遊興飲食店営業を行う際には、賃貸人の承諾書が必要となる。しかしながら、実際にはすんなり承諾書を出してくれる賃貸人は少ない。賃貸人から、承諾書を出す代わりに賃料の値上げ交渉を持ち出されるケースも散見された。賃貸借契約書には、物件の利用範囲の指定がなされている。契約当時は存在していなかった特定遊興飲食店での物件利用は契約違反になってしまう可能性がある。他方で、特定遊興飲食店の記載がなくても、深夜営業が可能とされており、営業形態としてクラブ、ライブハウスと記載されている場合、賃貸借契約を結ぶ当事者の合理的な意思解釈として、特定遊興飲食店に該当する営業も賃貸借契約の目的に含まれると解釈できることも多い。

申請業務に携わるなかで明らかになった問題点は、法改正時点では想定していなかったものも多い。賃貸人の承諾書がネックになり、多くの店舗で特定遊興飲食店営業の許可を取得できないでいる。解決のために賃貸人に解決金を支払うことを検討する事業者も出ている。このような状況をダンス議連に訴え、また警察庁と協議を行った結果、賃貸人の承諾書がなくても賃借人の誓約書により申請可能としてもらった。

実際に申請業務を行うことで、事業者にとって不都合な点を知ることができる。これを不都合のまま終わらせず、さらに使い勝手がいい法律に変えていく。ルールを実務に当てはめる最前線でルールのバグをいち早く知ることは、規制緩和の制度設計において極めて重要である。

4章　ルールを使う——ナイトタイムエコノミー政策の立案

1 ナイトタイムエコノミーへのリフレーミング

2016年6月、改正風営法は施行された。ルールを変えた後、変えたルールを使って何をするか。ルールは目的達成の手段にすぎない。改正風営法という手段を活用して、いかに夜間市場の創出という目的を実現していくのか。そして改正風営法の積み残しをいかに解決していくか。我々はいよいよルールメイキングの次の段階に踏みだした。

改正風営法施行後の変化

風営法改正により新設された特定遊興飲食店営業の許可を取得することを条件に、それまで法的にグレーな状態にあったクラブが遵法営業できるようになった。法改正後、多くのクラブ事業者は特定遊興飲食店営業の許可を取得した上で営業を始めたが、それにより署名運動から始まった一連の動きは収束しそうな雰囲気もあった。

法改正が実現した際、メディアで大々的に取り上げられ、画期的な法改正に賛辞の声が集まった。しかし、まだ完全には喜べない。道半ばなのである。

2016年12月下旬のある日、特定遊興飲食店営業の許可を取得した東京都内のナイトクラブに、ダンス議連の議員とともに警察関係者が視察に訪れた。

これまで取り締まり以外でクラブに立ち入ったことはなかったであろう警察関係者が、公式に深夜のクラブを視察する。法改正前には考えられない景色である。最初、クラブ事業者は若干緊張していたようだが、合法に営業しているのであるから何も気後れする必要はない。クラブ内で、事業者と警察関係者が議員も交えてクラブ産業の将来について意見交換をするうちに緊張も溶け、和やかな雰囲気になった。法改正に至る経緯のなか、警察庁とはときに見解が対立し、激しく議論もしたが、そのようなプロセスを経たからこそ今この場がある。

年末の書き入れ時で、徐々に一般の客も入り出し、店内は賑やかになってきた。しばらく歓談した後、解散となり、タクシーを拾おうと思ったが、忘年会シーズンゆえにつかまらず、自宅まで1時間弱、歩くことにした。賑やかな師走の街を歩きながら、これまでの風営法改正のプロセスを振り返りつつ、次にすべきことについて考えを巡らせた。

法改正の立役者の死と残された宿題

まず、改正風営法にはまだ大きな積み残しがある。特定遊興飲食店営業の許可を取得できない店舗もまだ多くある。特定遊興飲食店営業の許可は、大規模繁華街にあり、かつ客室面積が33㎡以上の店舗でなければ取得できない。また、許可を取得しなければならない営業の範囲、小箱と呼ばれる小規模クラブやバーの法的な扱いも不明瞭なままである。

そして、ダンス議連や規制改革会議では、既存のクラブ事業を合法化にすることに加え、クラブ事業に限らず、広く夜間産業のアップデートを目指して議論してきた。夜間産業に関わるステークホルダーは、クラブ事業者に限らない。さまざまなエンターテインメント産業やホスピタリティ産業、観光産業も大きなステークホルダーだし、交通機関との連携も重要になってくるであろう。規制緩和に伴い、街の安全をどう制度的に担保していくかも大きな課題である。また、これまで議論に参加してもらう機会がなかった地方都市の意見ももっと聞く必要がある。

このようなことを考えながら風営法改正に向けて全力で闘ってくれた小坂議員のことを思い出した。小坂議員は2016年11月にご病気のために亡くなった。改正風営法が成立した後の2015年11月、翌夏の参院選の党公認を辞退する意向を公表し、治療に専念されていたが、残念ながら復帰は実現しなかった。この報道の少し前、風営法改正のお礼をかねて議員会館にご挨拶に伺った。ご病気のことは知らされていたが、痩せられた印象はあったもののお元気な様子であった。お会いした際、法改正がされたら面白いビジネスがどんどん生まれてほしいと言いながら、冗談まじりに商売のアイデアを出してくれたりもした。

自民党内閣部会で改正風営法案が袋叩きにあったとき、自分たちが理解できないからといって若者が大切にしている価値観、拠り所にしている場を否定してはならないと負けずに反論してくれた小坂議員の姿は一生忘れられない。まだやるべきことはたくさん残されている。自宅に着くころには、来年すべきことが頭の中にリストアップされていた。

夜間経済という新たなフレーミング

明けて2017年1月、ダンス議連事務局長の秋元議員と意見交換の場を持ち、今後の政策ビジョンや課題についてディカッションを繰り返した。

インバウンド観光客の増加は著しく、観光政策の重要性は増している。さらにアニメやゲームに加え、飲食も含めた日本のコンテンツへの注目度も高い。そして観光トレンドは、爆買いを中心とした購買型モノ消費から体験型コト消費にシフトしている。そうなると観光産業とコンテンツ産業の連携が重要となってくる。そして、夜間は飲食や宿泊を伴うため、コト消費にとって極めて重要な市場である。観光とコンテンツ産業を軸に、ホスピタリティ産業も含めて「夜間」という視点で横串を通す。そして、オリンピック・パラリンピックやIRなどを契機として大きな経済的インパクトの創出を目指していく。

小箱についても繰り返し議論をした。経済の論理だけで小箱の価値を説明するのは難しくナンセンスである。小箱は実験性に富む先進的な文化が生まれる土壌であるし、感度の高い訪日外国人の間でも人気が急上昇している。多様な人たちを集め、刺激し、都市の文化装置となっている。文化都市にとって重要な視点、それはさまざまな価値観を許容する多様性である。イノベーションの源泉は異なる価値観の掛けあわせである。小規模ゆえの実験性や先進性は、大きな産業の創造性を刺激しインスパイアする力を持っている。

そして、アムステルダム市で開催された「ナイトメイヤー・サミット」への参加（5章参照）をきっかけに、欧米を中心に夜間産業のリーダーたちとのネットワークも構築しつつある。日本

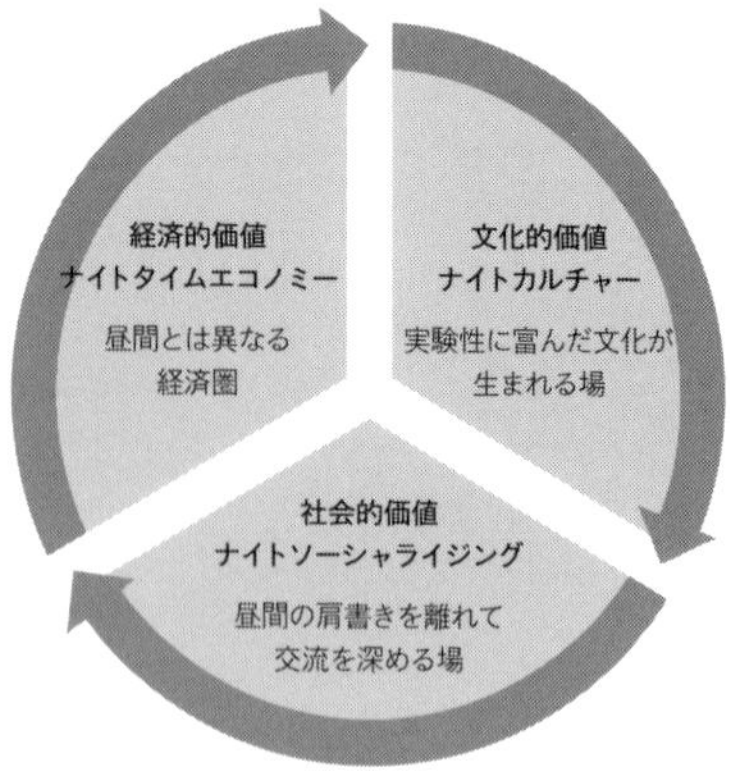

でも、欧米諸都市に広がりつつあった「ナイトメイヤー」（夜の市長）と連携し、グローバル基準での夜間活用を念頭に置くべきである。

当時、アムステルダムのナイトメイヤーだったミリク・ミランさんは、夜が持つ価値を、「文化的価値」「経済的価値」「社会的価値」に整理して説明していた。実験性に富んだ文化が生まれる場としての夜、昼間とは異なる経済圏としての夜、そして、サードプレイスとして人々が昼間の肩書き離れて交流を深める場としての夜。後述するナイトタイムエコノミー議連の名称は、規制改革会議からの流れを汲んだ経済的価値を取り入れたものになっているが、これには文化的価値、社会的価値の意味も含まれている。

ナイトクラブの保護からダンス文化の推進、さらにはナイトタイムエコノミー推進に。風営法にまつわる問題は、広く夜間経済へとリフレーミングしていった。

ここでのリフレーミングは極めて重要である。フレーミング次第で、とるべき政策手法、そして政策に関係するステークホルダーがまったく異なってくる。ナイトタイムエコノミーというリフレーミングをすることで、観光、コンテンツ、都市開発などさまざまな観点から、夜間経済の

経済的価値
ナイトタイムエコノミー
昼間とは異なる
経済圏

文化的価値
ナイトカルチャー
実験性に富んだ文化が
生まれる場

社会的価値
ナイトソーシャライジング
昼間の肩書きを離れて
交流を深める場

アムステルダムの元ナイトメイヤー、ミリク・ミランさんが提唱する、夜が持つ三つの価値

活性化を政策として検討することができるようになる。

ナイトタイムエコノミー議連の発足

このような議論を経て、新しい議連を発足させるという提案が秋元議員から出された。それが「自民党ナイトタイムエコノミー議連」、正式名称を「自民党時間市場創出推進議員連盟」（以下、ナイトタイムエコノミー議連）である。２０１７年4月に発足した同議連の設立趣旨は以下の通りである。

「昨年6月23日に改正風営法が施行され、ダンスによる規制が撤廃されるとともに、これまで禁止されていた飲食店における深夜遊興（ナイトエンターテインメント）が営業許可取得を条件に適法となりました。

同法改正は、既存のナイトクラブの営業を適法化するという視点のみではなく、成長戦略として時間市場の創出を目的としたものです。夜間市場を適法化し、活性化することで、インバウンド政策のもとで重要性を増すコト消費の観光資源として活用することが可能となります。また、クールジャパン政策等と連動してアーティスト育成やコンテンツ発信を推進するとともに、ホテルや飲食等の関連産業、ＩＴや音響設備などのクリエイティブ産業を中心に新たな雇用創出を促すことが可能となります。

法改正前は、法的な曖昧さゆえにコンプライアンスが重視される優良資本の参入が困難な業界構造にありましたが、今回の法改正を契機に、オリンピック・パラリンピックやIRを見据え、大手資本が参入するようになっており、インパクトある経済効果が見込まれます。ダンスのみならず、ライブ・エンターテインメント、ショー・パフォーマンス、アミューズメント等のエンターテインメント関係、また飲食店、ホテル、デベロッパー等、多様な企業の活躍が期待されます。また、ナイトシーンは文化的な都市ブランディングにとっても極めて重要です。多様性に富み、文化的な奥行きを持ち、ホスピタリティに溢れる空間は都市の魅力を大きく引き上げます。ナイトクラブに限らず、ホテルやレストラン等も音楽等のコンテンツと融合することで、都市の文化装置としてその価値を高めることができます。

夜間経済の推進は国際的なトレンドでもあります。ヨーロッパを中心にナイトメイヤー（夜の市長）制度が広がっており、昨年は30都市ほどからナイトシーンのリーダーが集まり、ナイトメイヤー・サミットが開催されました。世界の各都市が知見を共有し、夜の持つポテンシャルを最大化するべく、ネットワークを構築しています。

夜間帯が持つ経済効果、文化的価値のポテンシャルを健全に発展させるためナイトタイムエコノミーの推進は極めて重要な意味を持つものです。」

議員、省庁、民間から多様なメンバーを集めた座組み

このような設立趣旨を実現するための座組みは以下の通りである。

まず、ナイトタイムエコノミー議連メンバーは与党自民党議員のみで組織された。与党と行政による機動性と実効力を重視したためである。会長は河村建夫議員、事務局長は秋元司議員。いずれもダンス議連と同じである。

省庁は、警察庁以外に、国土交通省、観光庁、経済産業省、内閣府、文化庁が加わった。国交省は都市開発や夜間交通、観光庁は夜間観光、経産省や内閣府はコンテンツ産業、文化庁は文化振興や文化財活用という文脈での参加である。

合わせて民間からアドバイザリーボードも組織された。観光分野から松山良一氏（日本政府観光局理事長）、久保成人氏（日本観光振興協会理事長）、金山淳吾氏（渋谷区観光協会会長）、Zeebra氏（DJ、渋谷区観光大使・ナイトアンバサダー）が、都市開発分野から内田要氏（不動産協会副理事長）、河野雄一郎氏（森ビル株式会社常務執行役員）が、各種事業者として平澤創氏（フード&エンターテインメント協会理事、株式会社フェイス代表取締役社長）、近藤正司氏（ライブハウスコミッション代表理事）、関口朋紀氏（日本ナイトクラブ協会理事長）、矢口健一氏（株式会社バグース代表取締役）が、メディア分野から伏谷博之氏（タイムアウト東京株式会社代表取締役）、河瀬大介氏（株式会社CLUB TV JAPAN代表取締役社長）が、交通分野から梶原景博氏（日本バス協会理事長）が、セキュリティ分野から小林勝人氏（株式会社エグゼクティブプロテクション代表取締役）が、コンテンツ分野から中川悠介氏（アソビシステム株式会社代表取締役社長）、齋藤精一氏（株式会社ライゾマティクス代表取締役）が、音楽業界から浅川真次氏（日本音楽制作者連盟常務理事）、渡辺ミキ氏（日本音楽事業者協会常任理事）が、コンサルタントとして吉崎達彦氏（株式会社双日総合研究所チーフエコノミスト）、島原万丈氏（LIFULL HOME'S総研所長）、梅澤高明氏（A.T.カーニー日本法人会長）が参加した。

私は、民間アドバイザイリーボードの座長という立場で、議連メンバーの選定、各会合での発表者や日程の調整といった事務局的業務から、民間側の意見の取りまとめなどを行った。

ナイトタイムエコノミー議連はこのように極めて多様なメンバーから構成され、このメンバーを中心に計8回にわたって会合が開かれ、ナイトタイムエコノミー政策について議論した。

ここでもっとも大切にしたのは、ダンス議連のときと同じく、マルチステークホルダー・プロセスを徹底することである。そのため議連発足後に最優先で考えたのが、新しく参加してくれたステークホルダーとの関係構築であった。日本バス協会、日本政府観光局、日本観光振興協会といった交通業界、観光業界の関係者とは個別にお会いし、これまでの経緯を説明しつつ、今後の協力を直接お願いした。交通業界、観光業界についてはまったくの門外漢であったが、業界トップの方に直接レクチャーをしてもらうことで、業界構造や夜間市場との関係性などについて自分なりに理解を深めることができた。

政策の幅にリミットを設けない議論

ナイトタイムエコノミー議連は政策提言の取りまとめ期限を2017年内とした。途中衆議院議員選挙を挟みながら4月の発足から12月までに計8回の会合を開催した。会合ごとに2、3社のプレゼンと議論をしたが、その内容は極めて多岐にわたり充実したものだった。アドバイザリーボードの多様性がそのまま議論の多様性につながり、政策の幅も広がった。

かなりタイトなスケジュールであるが、次年度からの政策実施を睨むと、これでもギリギリのスケジュールであった。そのスピード感に、実際に政策が動いていくことを実感できた。

11月に入ると、議連事務局長である秋元議員と観光庁、警察庁、アドバイザリーボードのコアメンバーで個別に打合せを行い、政策提言の取りまとめ作業に入った。多忙な参加メンバーのスケジュール調整は困難を極め、毎回夜9時から深夜に及ぶミーティングで本音の議論を交わした。警察庁に対しては、いつも以上に踏み込んで意見を言うことができたし、警察庁も杓子定規な答弁ではなく、本気で議論に向きあってくれた。ナイトタイムエコノミー推進に向けた政策提言は、2017年12月に開催された議連会合で事務局長の秋元議員より発表され、参加議員およびボードメンバーの承認を受けた。

2　ナイトタイムエコノミーの捉え方

マルチステークホルダー・プロセスによる議連メンバーの議論の成果が、ナイトタイムエコノミー推進に向けた政策提言につながったわけだが、本節以降では、多様な立場のメンバーが、日

ナイトタイムエコノミーの定義

・日没から日の出までの時間を示すが、昼と夜が同じ行動がとれる環境を目指す。
・ベニュー:文化コンテンツ、エンターテインメント、スポーツ、ショッピング等を体験できる場
・地域:日本全国。初期段階ではエリアを絞った実証実験的な取り組みが必要
・ターゲット:国民・外国人すべて

コンセプト

・「多様性」が最も重要な価値観、競争力の源泉
　・ベニューの多様性(現状:大箱のみ)
　・コンテンツの多様性(現状:ナイトクラブのみ)
　・エリアの多様性(現状:大都市の大規模繁華街のみ)
　・時間帯の多様性
・文化・飲食・スポーツなどさまざまな要素の掛けあわせ
・ネーミング:「24h Japan」「24h Tokyo」など

提言内容

1.コンテンツの拡充
・文化施設の開館時間を延長し、カフェ・バーの併設を行い、価値を高める
・日本らしいコンテンツの拡充:花火、屋形船、伝統文化等
・ロングラン公演のコンテンツの充実
・夜の景観(ライトアップなど)の利活用

2.場の整備
・ユニークベニューの活用
・仮設建築物による文化・芸術施設:存続期間(1年)の延長

3.交通アクセス
・鉄道の営業時間の延長・週末(金・土)の終夜運転を行う場合の課題の検討
・主要バス路線の深夜営業
・相乗りタクシーの導入を解禁

4.安心安全の確保
・防犯カメラの設置
・民間交番等の活動拠点の設置を含めた防犯ボランティア活動の促進

5.プロモーション
・海外へのプロモーション:情報発信の一元管理による多言語サイト・アプリの魅力向上
・国内での周知:ツーリストインフォメーションの整備
・外国人向けチケッティングのしくみ:旅前、旅中

6.推進のしくみ
・推進組織:一般社団法人「24 hour Japan推進協議会」(仮称)の設立
　・自治体の取り組み(渋谷ナイトアンバサダー、神戸ナイトキャビネット、豊島区アフターザシアターなど)+事業者団体+国をネットワークするしくみづくり
　・情報発信・チケッティングなどの事業展開
　・日本版パープルフラッグのしくみ:安心して夜間の外出ができる地域を認証する制度
　・ナイトメイヤー制度のガイドライン:産業界・行政部局等と調整しナイトタイムエコノミーを推進する専門家を選出
・国際観光旅客税の導入:観光促進の政策推進に必要

7.推進の時間軸
・2018年:24 hour Japan推進協議会(仮称)設立(モデルエリアでの実証実験)
・2019年:国際観光旅客税による本格始動(ラグビー・ワールドカップ)
・2020年:全国の主要都市で運用(オリンピック・パラリンピック)

8.政策KPI
・夜間を含む娯楽・サービス費1兆円増(訪日外国人1人あたり2.5万円の消費増、2020年)
　・代替候補(1)夜間GDP:5兆円(参考:ロンドン3.9兆円、東京の経済規模1.2倍)
　・代替候補(2)夜間文化GDP
・常設ベニュー数(クラブ、ライブハウス)、イベント数・フェス数

ナイトタイムエコノミー議連が取りまとめた政策提言の骨子

本の現状を踏まえどんな問題提起をし、意見を出しあい、政策提言に落とし込んでいったのか、そのプロセスを紹介したい。ある意味、もっとも生々しいルールメイキングの現場であった。

ナイトタイムエコノミーの射程

政策提言は、ナイトタイムエコノミーの定義を、「日没から日の出までの経済活動」と広く捉えた。一口に夜間と言っても、まずディナー帯、アフターディナー帯、終電後も2、3時から始発まで、それぞれの時間帯にその時間帯ならではの体験や消費がある。

対象もナイトクラブに限定せず、「文化コンテンツ、エンターテインメント、スポーツ、ショッピング等を体験できる場」をすべて対象としている。たとえば、ライブハウス、ナイトクラブに加え、劇場、映画館、美術館、博物館、飲食店、スポーツバー、フィットネス、ゲームセンター、eスポーツ、ショッピング、ビューティーサロン、スパ、歴史遺産、公園、競技場、道路、港湾などが挙げられ、議連の会合ではさまざまな実践例やアイデアが出された。

さらに言うと、政策提言は、ナイトタイムエコノミーの対象を必ずしもコンテンツやイベントに結びつけてはいない。ナイトタイムエコノミーを、多様な時間軸で遊び、経済活動をし、生活するというライフスタイルに位置づけている。昼間できることはすべて夜にもできていいはずであるという価値観である。

これはニューヨークやシドニー等で取り組まれている「24 hour city」プランに着想を得たも

のである。24 hour city の趣旨は「ダイバーシティ」である。さまざまな時間軸でのライフスタイルを受け入れる街に価値を見いだす。イノベーションは、文化にせよ経済にせよ、非連続な異種の掛けあわせが起点となる。夜間に生まれた先進的で実験的な文化を、日中の経済にフィードバックしていく。夜と昼をつなげ、それぞれの価値を掛けあわせていく。多様性をコンセプトにすることで、都市はさまざまな人々を呼び込むことができる。それが都市を創造的にし、経済的にも活性化させるという視点である。

都市間競争を勝ち抜く、ダイバーシティという視点

またダイバーシティは、観光政策にとっても重要なキーワードである。現在、世界の都市間で観光客の奪いあいが起こっている。競合は日本国内ではなく、海外の観光先進国、観光新興国なのである。インバウンド観光は国際的な都市間競争の渦中にあるという現状認識が必要である。

観光客を巡る都市間競争で優位に立つために必要なのは、その都市に行かないと得ることができない体験であり、その都市固有のユニークさである。そして、観光トレンドは団体旅行から個人旅行に大きくシフトしている。そうすると、観光体験のニーズは個人ごとに多様化してくる。誰もが一度は行ってみたい鉄板の観光名所に加え、パーソナルな体験も重要になってくる。

体験価値の多様性は、インバウンド観光客を呼び込むための重要な競争力となる。そして、これは夜間においても同様である。ユニークな体験を求める個人旅行者のニーズを満たすため、多

様でパーソナルなインサイトが夜間の観光資源開発でも重要である。このようなダイバーシティ視点でのナイトライフ・コンセプトは、タイムアウト東京の伏谷博之さんより示された。

「タイムアウト」とは、世界39カ国108都市（12言語）に展開するシティガイド・メディアである。2012年のロンドンオリンピックでは公式トラベルガイドとして採用されるなど、グローバルブランドとして圧倒的な支持を得ている。マガジン、ガイドブック、ウェブサイト、スマートフォンアプリ、タブレットアプリなどマルチプラットフォームであり、外国人旅行者の多くが、その都市に来たらまずアクセスする。

グローバルブランドではあるが、紹介しているのはその土地ならではのローカルな情報だ。飲食店や美術館、ライブハウスにナイトクラブ、イベント等が紹介されているが、そのセレクトはとてもユニークである。

加えて肝になっているのが、その紹介の仕方だ。一般的なシティガイドのように施設やイベントの紹介ではない。そこで「何ができるのか」という動詞で紹介する「To Do」スタイルが大きな特徴である。

たとえば、タイムアウト東京では渋谷のスクランブル交差点を「Brave the scramble」というタイトルで、果敢に立ち向かうべき場所として紹介している。歩行者信号が青になった瞬間、あらゆる方向から洪水のように人が押し寄せる。地元の人は平気な顔でスイスイ渡って行くが、慣れない外国人はいつ衝突してもおかしくない。しかも信号が赤に変わった瞬間、容赦なく車は走りだし、クラクションの嵐を浴びることになる。濁流に飲み込まれず、無事に時間内に交差点を渡りきれるか、そんな体験の場所としてスクランブル交差点を切り取って紹介している。

そんなタイムアウトを日本で展開する伏谷さんは、ナイトタイムエコノミーは、海外ではすでにさまざまな取り組みが具体化しているとし、その背景にはライフスタイルの多様化と、ビジター（旅行者）需要の高まりという二つの世界的なトレンドがあると指摘する。

日本のナイトタイムエコノミーは風営法改正が起点であることもあり、夜遊び経済として語られることが多い。これに対して、ロンドンのナイトタイムエコノミーは、２０１２年のオリンピック・パラリンピックを起点とし、多様な人たちを招き入れるための施策として推進されてきた。旅行者がより訪れやすい街にすることや夜間経済の振興を目指し、「24 Hour London Vision（ロンドン24時間都市構想）」を発表したのである。

伏谷さんが引用したロンドンのサディク・カーン市長の言葉が印象的である。「私はロンドンに、ナイトライフの分野でグローバルリーダーになってほしいと考えています。しかし、パリやニューヨーク、ベルリン、東京、サンフランシスコもみな夜間サービスの拡充を目指しており、厳しい競争の真っ只中にあります」。

単に夜遊び経済の推進という話ではなく、都市間競争を勝ち抜くためにどのようなナイトライフを活用する戦略を策定するのかという議論が必要である。

このような問題意識を持っているのはロンドンだけではない。伏谷さんよりシドニーやメルボルンの例も紹介された。

シドニーのクローバー・ムーア市長は「豊かな文化的生活とナイトタイムエコノミーは繁栄するグローバルシティに欠かせないものである」とし、「多様な選択肢がコミュニティの絆を深め、強度を高め、インクルーシブなナイトライフを生みだし、安全や犯罪の減少に寄与する」と語っている（「An Open and Creative City -planning for culture and the night time economy」）。その上で、具体的な政策としては、①営業時間の拡大、②空きスペースの小規模な文化的使用への承認の不要化、③ミュージックベニューの騒音対応の3点を中心にルールの変更を提案している。ここでもダイバーシティの視点での夜間活用が基本コンセプトになっている。

ロンドンと同じく24時間化推進を決定したメルボルンのロバート・ドイル市長は「犯罪防止だけでなく、誰にとっても心地よい24時間都市を実現する」ために、ビクトリア国立美術館のオールナイトイベントや、年1回日没から日の出まで開催されるアートの祭典「ホワイトナイト」（60万人動員）など、ナイトライフが単にアルコールの消費だけにならないような取り組みを行っている。

そして、ナイトタイムエコノミー議連ではこうした基本コンセプトを共有した上で、政策提言で①コンテンツの拡充、②場の整備、③交通アクセス、④安心安全の確保、⑤プロモーションといった五つの視点で課題を提示し、その解決のための協議会を発足させることとした。次節以降では、この五つの視点ごとに、議連で議論した内容を紹介する。

3　コンテンツの拡充

飲食とエンターテインメントをつなぐ

ナイトタイムエコノミーを推進するには、多様なコンテンツ開発や振興が欠かせない。ナイトタイムエコノミー議連の初回会合では、フード&エンターテインメント協会代表の平澤創さんから、世界のナイトライフ・コンテンツや場に関する事例が紹介された。

ここでまずフード&エンターテインメント協会について説明する必要があろう。先述した通り、風営法改正が照度規制により骨抜きになりそうになったときに官邸に働きかけてくれたのがカフェ・カンパニーの楠本修二郎さんとA.T.カーニーの梅澤高明さんであった。

当時、私は楠本さんと、法改正が実現した際には、飲食とエンターテインメントを活用した新しいコミュニティの場をつくりたいという話をしていた。飲食とエンターテインメント業界の接点は以外に少ない。しかし、飲食は体験を求め、エンターテインメントは新たな場を求めている。飲食とエンターテインメントを夜という時間帯でコラボレーションさせることができないか。楠本さんとのこうした会話が現実のものとなったのがフード&エンターテインメント協会である。

飲食業界から楠本さんが、エンターテインメント業界から株式会社フェイスの平澤さんが、さらに業界紙「ホテルレストラン」を発行する株式会社オータパブリケイションズの太田進さんが理事に就任した。そして会員は各業界の第一線で活躍している企業が名を連ねる。

議連で平澤さんから、クロアチアのアドリア海上にウッドデッキで建設されたオープンエアのクラブ、パリのセーヌ河沿いに係留された3階建ボートを利用したクラブ、発電所跡地を活用したエストニアの複合スペース、さらには美食の街サンセバスチャン、フィレンツェ旧市街地をライトアップする光の芸術祭など、エンターテインメントと食の掛けあわせを中心に世界中の取り組みが紹介された。

世界中に成功例がこれだけあるのに、なぜ日本にはないのか。日本のポテンシャルを世界的な観光資源にするための課題は何か。これが議連1回目の会合において、平澤さんから出された問題提起である。

日本の伝統文化をアップデートする

こうした海外の先進事例を紹介するのは、それを真似するためではなく、他都市にはない日本固有のコンテンツを探るためである。実際、政策提言には花火、屋形船、伝統文化等の日本らしいコンテンツの拡充が提言されている。検討すべきは、それらがどうして世界的な観光資源として注目されていないのか。観光資源のアップデートが問題なのだ。

このような観点から、議連では、松竹株式会社の岡崎哲也氏より同社が大規模改修を進めている「京都四條南座」による新しい取り組みが紹介された。南座と言えば歌舞伎発祥の地、京都の顔と言われる歴史ある場所である。改修後は、夜間も活用することが計画されている。公演の上演時間を夜間に延長するというだけでなく、夜間帯ならではのオリジナルコンテンツが検討されている。新たな劇場のアップデートの試みである。

日中の京都はインバウンド観光客で溢れかえっている。もはやオーバーツーリズムと言うべき状況であるが、夜になると一転、外国人観光客は街から姿を消す。京都の夜間活性化は消費の拡大だけではなく、観光客を夜間に分散させてオーバーツーリズムを軽減する狙いもある。

また、議連では、アルゼンチンのパフォーマンス集団フエルサブルータの新作「WA!」や、ドラムタオによる和太鼓パフォーマンス「万華響」も紹介された。アミューズエデュテインメント代表取締役の辰巳清氏より紹介された「WA!」は、もともとアルゼンチンで上演されていたショーを忍者や侍、

アルゼンチンのパフォーマンス集団フエルサブルータの新作「WA!」©Keiko Tanabe

芸者といった日本のコンテンツが多く登場するテイストにアレンジした体験型ショー・パフォーマンスである。「万華響」も伝統的な和太鼓をベースに、アクロバティックなパフォーマンス、レーザーや照明、映像による演出が施されている。

いずれもアフターディナーの時間帯で楽しめる新しいナイトエンターテインメント・コンテンツとして、品川プリンスホテル内で開催されていた。羽田空港や新幹線へのアクセスがいい品川エリアには多くの外国人観光客が常時滞在している。しかしながら、渋谷、新宿等に比べると観光スポットは圧倒的に少ない。そのような問題意識からインバウンド向けに、ノンバーバルで(言葉の壁を超えて)、日本文化を感じることができ、最新テクノロジーによる演出を駆使したエンターテインメントを展開しているのである。いずれも伝統芸能を夜という時間帯を活用してアップデートしようとしている。

ただ、これらの取り組みについては課題も見えた。滞在期間の限られた外国人観光客を集客するには、いつ来ても上演されている必要がある。新宿歌舞伎町にある、ロボットやダンサーによるショーを見ながら食事ができる「ロボットレストラン」は外国人観光客に人気のスポットだが、これが期間限定の演目だったら、今のような知名度を得ることができただろうか。

一方、ロングラン公演のコンテンツを充実させるためには、恒常的に使える劇場が必要である。近年、仮設建築物でも、シルク・ドゥ・ソレイユが使用するような、耐久性、安全性に優れたものも技術的に可能となっている。また再開発が進む都心部では、使われていない開発予定の空き地が相当程度ある。

この点について、議連では仮設建築物の劇場利用が検討された。仮設建築物は原則として1年間の利用に限られている。延長は可能であるが確実ではない。1年間では投資の回収は困難であろう。そのため、仮設建築物を文化・芸術施設として使用することの延長が政策提言に盛り込まれた。その結果、建築基準法が改正され、「1年を超えて使用する特別の必要がある仮設興行場等について、安全上、防火上及び衛生上支障がなく、かつ、公益上やむを得ないと認める場合においては、前項の規定にかかわらず、当該仮設興行場等の使用上必要と認める期間を定めてその建築を許可する」という内容で規制緩和がなされた。

見逃されている地方のコンテンツ

ナイトエンターテインメントというと都市型のエンターテインメントを連想するかもしれないが、必ずしもそうではない。宿泊を伴い、翌日の観光へとつなげることができるという点で、地方都市でも夜間コンテンツへの期待は高い。

議連では、アソビシステム株式会社の中川悠介さんから、地方創生の文脈から事例が紹介された。アソビシステムは、きゃりーぱみゅぱみゅらが所属するタレントプロダクションである。所属するアーティストらが出演する音楽フェスティバルを、沖縄の中城(なかぐすく)城跡や、京都の平安神宮、奈良の橿原神宮などで開催している。

アソビシステムは、インバウンド観光客に圧倒的な人気を誇る「カワイイモンスターカフェ」を成功させ、音楽やファッションなどトータルな世界観でカワイイ文化を世界に発信している。海外ファンの獲得に成功しているアソビシステムと国内の観光名所のコラボレーションは、コンテンツを活用した地域ブランド戦略の先進事例と言える。

続いて、日本政府観光局の松山良一理事長からも地方創生の文脈からナイトタイムエコノミー促進への提言があった。

訪日インバウンドの取り組みの大きな柱は、地方誘客の推進である。地方の夜間観光は外国人観光客からニーズが高い。郷土色豊かな夜間活用は、訪日インバウンド戦略のもう一つの柱である欧米豪市場への取り組み強化とリンクする。ヨーロッパ、アメリカ、オーストラリアの観光客は、富裕層を中心にお金を使いたくても使う場所がない状況にある。自国でのライフスタイルと同様に日本滞在中もハイクオリティなナイトライフを求めているが、このニーズに見合う夜間観光が日本の地方にはない。日本政府観光局としては、欧米豪市場と地方創生を念頭に「地方」「郷土文化」「期間限定」をキーワードとしたナイトタイムの楽しみ方を提案し、経済効果を狙いたい。

松山さんからは、国内の成功事例として、長崎市の取り組みが紹介された。長崎では、宿泊・滞在型観光を推進するため、2011年から、①新世界三大夜景と市内ライトアップ（夜景サミットの開催等）、②街歩き観光の促進（長崎ライトアップめぐり等）、③祭りと夜市（長崎ランタンフェスティバル、長崎帆船まつり、長崎夜市）といったコンテンツを展開している。こうした取り組みの結果、２０１２年度より観光消費額が急上昇しているという。

地方で展開するコンテンツとして、花火や祭り、縁日や屋台の活用も議連では提案された。花火や祭りは、情報が外国人観光客に届いていないことも多く、外国人モニター等を通じた積極的な情報発信が必要である。その多くは一晩で数万から数十万人単位の来場者がある大規模イベントであり、快適に楽しんでもらうために交通機関や宿泊先の整備が不可欠である。縁日や屋台村の人気も高い。欧米のパブ文化とは異なる日本的情緒があるし、郷土食やB級グルメなど地域固有の楽しみもある。２０１９年に日本で開催されるラグビーW杯など大型イベントの地方開催との連動も重要となる。

さらに、日本観光振興協会の久保成人理事長からは、地方都市でも展開できる食べ歩きにフォーカスした提案がなされた。「ガストロノミーツーリズム」の日本展開である。久保さんからは、モデルイベントとして「ガストロノミーウォーキングin新橋・居酒屋の夜」という外国人観光客を対象とした飲み歩きイベントが紹介された。

ガストロノミーツーリズムとは、その土地の気候・風土が生んだ食材、習慣、伝統、歴史などによって育まれた食を楽しみ、その土地の食文化に触れることを目的としたツーリズムである（国連世界観光機関）。どの地域にもその地域固有の食文化はある。その意味ですべての地方都市で展開可能であり、地方誘客コンテンツとして汎用性が高い。我々にとっては目新しいものではない居酒屋も、外国人観光客にとってはIZAKAYAとして人気が高い。訪日観光客は、観光客をターゲットにした豪華な店より地元の人が普段使いする店に行く傾向がある。

デジタルスポーツという新たなコンテンツ

スポーツも夜間に推進すべきコンテンツである。議連で議論になったのは、スポーツのデジタル化である。多くの飲食店やダーツバーを事業展開している株式会社バグースの矢口健一さんから問題提起がなされた。

デジタルダーツやシミュレーションゴルフが典型であるが、デジタルスポーツを営業する場合、風営法上はゲームセンターと同じく風俗営業としての規制を受ける。点数が自動で計算されてデジタル表記される場合、あるいは勝負として表示される場合、射幸心を煽り、賭け事に発展する恐れがあるためである。

風俗営業の対象になると、風俗営業の許可が必要になり、夜12時以降の営業はできない。デジタルダーツやシミュレーションゴルフを設置しているダーツバーやゴルフバーは、原則として夜12時以降の営業は禁止される。例外としてダーツ機とゴルフ機が客室面積の10%以下であれば朝まで営業できる。いわゆる10%ルールである。

しかし実際には、ダーツ機とゴルフ機を適法に設置することは難しい。ダーツバーでは、250㎡の広い店舗でも、設置できるダーツ機は12機程度であるという。ダーツバーでは、最近のダ

パラスポーツのボッチャをVRなどのデジタル技術を用いてエンターテインメントにしたサイバー・ボッチャ　©株式会社ワントゥーテン

ーツ人気の高まりで、ダーツ機にウエイティングができるような状況であり、営業機会を逃したくない事業者心理により、10％ルールを遵守していない店舗もそれなりにあったようである。ゴルフバーは、大きな面積を占めるゴルフ機を10％以内に収めるのがそもそも困難である。シミュレーションゴルフが風俗営業であると明確にされて以降、深夜営業をするゴルフバーのほとんどが市場から撤退した。

デジタルスポーツあるいはスポーツ・エンターテインメントといわれる領域はこれから大きな産業として発展していくことが予想される。AR／VR技術の発展により、今後、サッカーやバスケットボール、野球、クリケットなど多くのスポーツがデジタル化され、数千万人規模の競技人口を持つ、巨大産業に成長していくポテンシャルがある。

実際に、パラスポーツ（障害者スポーツ）として圧倒的な人気を誇るボッチャは、デジタル技術によって近未来的な演出を施し、パラスポーツのイメージをクールにアップデートしている。東京オリンピック・パラリンピック競技大会組織委員会アドバイザーを務める澤邊芳明さんの会社ワントゥーテンが開発したサイバーボッチャの近未来的なインターフェイスとエンターテインメントとしてのクオリティの高さは、一瞬でパラスポーツの概念を覆してしまう。

このようにスポーツが「競技」から「エンターテインメント」に拡大していくことで、これまで「観戦」が中心だったスポーツへの関わり方が「プレイ」にシフトし、より多くの競技人口を獲得していく可能性がある。

しかし、デジタルスポーツを提供する店が風俗営業としての規制を受けることになれば、このようなスポーツ・コンテンツのアップデートを損なわせかねない。スポーツとゲームの境界をどのように線引きしていくのかが重要になる。

デジタルスポーツはスポーツと言えるのか？　あるいはゲーム機なのか？

こうした矢口さんの問題提起を受け、議連内で議論された。前提として、ゲームセンターとしての規制を外すことに対しては慎重な検討が必要だと考える。ただ、ゴルフは当然として、デジタルダーツについても大きなプロ大会が開催されるなど競技スポーツとしての市民権を得ており、プレイの内容を見ても通常のダーツとゴルフとなんら変わりがない。風営法が懸念する賭博や青少年の溜まり場リスクを取り除くことができれば、スポーツとして定義しても問題ないという結論に至った。

このような議論を経て、政策提言では「デジタルダーツ、シミュレーションゴルフについて、これらのゲーム機が通常のダーツやゴルフの代わりとして楽しまれていることを踏まえ、風俗上の問題が生じないよう配慮しつつ、深夜でもより多くの人が楽しめるよう風営法上の取り扱いについて検討する」と記載された。

同提言が出た後、矢口さんは業界内の取りまとめのために直ちに動いた。ほとんど活動していなかったソフトダーツの業界団体の代表に矢口さんが就任し、組織再編を行った。

賭博や青少年の溜まり場にならないようにするためには、店舗での監視体制とその実効性を担保するしくみをつくる必要がある。矢口さんは事業者の立場であるが、このしくみづくりのためにメーカーの協力を求めた。事業者だけでは自己申告の紳士協定になりかねない。そのような曖昧さを避けるために、メーカーを巻き込んだのがポイントである。事業者が問題を起こした場合、事業者はメーカーからダーツ機を納入することが難しくなる可能性がある。そのような事態を避けるため、事業者は監視等を責任もって行わざるをえなくなる。このような形で事業者、メーカーがまとまり、業界健全化のための座組みをつくった。

このような業界側の健全化のための体制づくりと並行して、警察庁との話しあいを繰り返し、ルール変更後に懸念されるリスクについても意見交換をし、矢口さんはその懸念点の解消に努めた。その結果、２０１８年9月25日付で、デジタルダーツとシミュレーションゴルフを風俗営業から除外する内容で、以下の通達が出されるに至った。

「運動競技又は運動競技の練習の用に供されている実態が認められる遊技設備については、営業者により、当該遊技設備が本来の用途以外の用途として射幸心をそそるおそれのある遊技の用に供されないために必要な措置が適切に講じられていると認められる場合には、当面、賭博、少年のたまり場等の問題が生じないかどうかを見守ることとし、規制の対象としない扱いとする。」

先にも述べたが、規制緩和は、規制法規が懸念するリスクを業界側で責任を持って引き受けることである。事業リスクを業界が引き受けることができれば、法規制は緩和する方向に動く。そして業界がリスクを引き受けるやり方はさまざまな創意工夫がありうる。ここが、画一的にならざるをえない法規制と決定的に異なる点である。

4　場の整備

ユニークベニューの開発

優れたコンテンツがあっても、それを提供する場がなければ意味がない。議連で掘り下げて検討すべきだと感じたのは「ユニークベニュー」の活用である。ユニークベニューとは、コンベンションやイベント、レセプションなどに専用施設を用いるのではなく、博物館や美術館、城郭など参加者にサプライズを与えるような会場を用いることを言う。

さまざまな場所を本来の用途以外に二次利用していくという視点は、会場不足へのソリューションとしても重要であるが、本質的に重要なのはコンテンツの体験価値を高めるという点である。ヨーロッパでは、元教会、元学校、元古城、元発電所、元銀行といった場所を使い、音楽イベントが開催されることが多い。音楽コンテンツに加え、場所のキュレーションもイベントの成功にとって重要な要素となる。そこでしか体験できない空間をつくるために、個性あるユニークベニューを選定する。古くからある施設にはその場所固有の歴史やストーリーを持っている。歴史やストーリーをコンテンツと掛けあわせることで、意外性を演出することができる。ゆえに観光資源としては極めて価値が高い。

日本がシンガポールやドバイといった観光新興国と異なる点の一つは、豊かな歴史があることである。これが日本の一番の優位性だろう。先にインバウンド観光は熾烈な国際競争にあり、競争力の源泉はその都市にしかないユニークな体験であると述べた。つまり、ユニークベニューは観光資源としてもっと活用されるべきなのである。

私が最近経験したユニークベニューで面白かったのは、アムステルダムの巨大なガスタンク内で開催されたダンスミュージック・フェスティバルである。日本でガスタンクというと水色の大きな球体をイメージするかもしれないが、アムステルダムのガスタンクは趣きのある歴史的建築物で、内部はおそろしく天井高があり、広さもある。7千人ほどが入る巨大なガスタンク内で聴くテクノは、独特のインダストリアルな空気感によって他にはない演出が施されていた。

アムステルダムのガスタンクを活用したダンスミュージック・フェスティバル

京都新聞社の印刷工場跡で開催されたKYOTOGRAPHIE

もちろん、ユニークベニューの活用は音楽に限らない。たとえば、京都の街なかで展開される写真展「KYOTOGRAPHIE（京都国際写真祭）」はユニークベニューの先端事例としても最高峰だろう。

２０１８年に開催されたKYOTOGRAPHIEで、写真家・映像作家のローレン・グリーンフィールドは富に関する写真や映像作品を多数展示した。彼女の作品は、富への欲望、過剰な自意識、さらにはその結果としての格差や転落を映しだすことを特徴とする。写真の被写体は目一杯着飾り、美男美女と一緒に高級車に乗り、高級ホテルのプールでくつろぎ、自家用ジェットの前でポーズを決め、満面の笑みを浮かべている。いずれの写真も明るい色調で、クラクラするくらいに眩しい。

そして、KYOTOGRAPHIEが、これらの作品のために選んだ展示会場は、京都新聞ビル地下1階にある印刷工場跡である。かつて実際に新聞を刷っていた巨大な地下空間はすでに役割を終え、今は暗くひんやりした無骨な鉄筋とインクの残り香があるだけである。一つの時代の終焉を感じさせる場所に置かれることで、グリーンフィールドの作品はさらに虚無感を増す。廃墟で見る虚栄の数々。KYOTOGRAPHIEの仕掛け人、仲西祐介さんの絶妙なキュレーション・センスが発揮された展示は、京都の街なかに散りばめられている。普段は入れないような場所も会場になっており、京都のシークレットソサエティを垣間見ることもできる。来街者にとってこれ以上ない観光体験である。

文化施設の夜間開館と体験価値の複合化

議連では、文化施設の開館時間を延長し、カフェやバーを併設するなどして場の価値を高める方法についても議論された。文化庁の担当者からナイトミュージアムの取り組みについて紹介されたものの、成功への課題はまだ多いという印象を受けた。

他方、森ビル株式会社の河野雄一郎さんのプレゼンは自信に満ちていた。六本木ヒルズ内の森タワー内52、53階にある森美術館の閉館時間は夜10時である。入館者全体の相当割合が夕方5時以降に訪れ、仕事帰りに美術館に行くというスタイルが確立されている。

他が苦戦している夜間開館を成功に導いているのは、展示内容のクオリティの高さだけにとどまらない。森美術館のあるフロアには、東京の街全体を見下ろすことができる360度パノラマの展望台や、展示されているアート作品に見劣りしないハイセンスなレストランやカフェなどもある。アートだけではなく、そこに飲食や夜景といった付加価値をつけることで、夜ならではの総合的な体験価値を創出しているのがポイントである。

夜景や食事と一緒に体験できるようにすることで、普段はなかなか美術館まで足を運ぶことはないユーザー層を呼び込み、結果としてより多くの人たちにアートに触れてもらうことができる。美術館単体では収益性は高くなくても、集客コンテンツとして設置し、来場者に付随施設で買い物や飲食をしてもらう、いわゆるシャワー効果を期待できる。

これは5章で紹介するイビサの例と同じく、いわゆるカスタマー・ジャーニー視点での動線設計であろう。近隣の施設や併設の飲食店等との有機的な共同が必要だろうし、また総合的な体験価値を創出できるプロデューサーも必要になる。こうした総合的な取り組みができるのは、点（1施設のみを単体で）でなく面（複数施設を複合的に）での開発が可能なデベロッパーならではである。

文化施設の開館時間を単に延長しても効果は薄く、こうした飲食施設や滞在施設を併設して総合的な体験価値を増す工夫が求められるだろう。

5　交通アクセスの整備

夜に稼働する魅力的なコンテンツや場があっても、交通手段が不便では客を集めることはできないし、店舗や施設のスタッフが深夜に公共交通機関で帰宅できなくては営業もできない。議連では、コンテンツや場の活用などと並行して夜間交通についても検討した。

議連では、夜間交通について、日本バス協会の梶原景博理事長から、さまざまな交通手段の夜間運行を整備する必要があるとの問題提起がなされた。

東京圏の夜間交通としては、JR山手線の終電駅から郊外への帰宅を担う深夜バスがすでに運行されている。郊外に向かう私鉄の終電は山手線の終電より早く終わる。そのため私鉄等の終電後は帰宅が困難となる。そこで代替手段として山手線主要駅から終電後の深夜バスが利用されている。バスが出ているのは東京、新橋、渋谷、新宿、池袋等であり、私鉄沿線等の主要駅（平塚、厚木、高尾、溝の口、青葉台、府中、橋本、国立、小手指、大宮、新座、浦和等）へのルートを運行している。概ね深夜1時前後に発車し、運賃は1000円から3000円ほどである。

バスはある程度まとまった需要に対する輸送手段である。このまとまった需要は鉄道駅を中心に発生している。逆に言うと、一定数の需要がなければバス運行は難しい。

2013年12月から2014年10月にかけての深夜帯に渋谷〜六本木間で試験的に都バスが運行された。運賃は420円。概ね1時間に1本程度で合計4往復する。試験運行の結果、1便あたりの利用者は12月当初は36人であったが、1月に入ると9人程度になり、採算割れによって予定より早く運行が停止された。タクシーで1000円程度の距離だと、2、3人程度でタクシーに乗って移動すればバス料金（420円）とあまり変わらない。渋谷〜六本木間の運行では、ニーズも少なく、また運行本数や利便性も含めてバスはタクシーには勝てない結果となった。

一方、イベント等である程度の移動需要が見込まれる場合にはバス運行が有効な場合もある。2017年9月30日から10月1日に開催された六本木アートナイトに合わせ、深夜バスが運行された。六本木アートナイトとは六本木エリアで開催されるオールナイトのアートイベントである。入場者数はのべ74万人であるが、終電を境に多くの客が帰ってしまう。そのため、24時から早朝まで六本木と渋谷、新宿、池袋、吉祥寺、国分寺、立川間にシャトルバスが運行された。概ね15

分から75分に1本の運行で、利用料は無料である。ただし、イベント主催者が費用を負担して貸切バスを借り上げての運行であり、公共交通ではない。イベント開催によって賑わい創出を図ろうとする事業者が事業の一環として深夜バスを用意した。

深夜バスの例ではないが、丸の内、日本橋、お台場といった地域で、デベロッパー等の地元企業が貸切バスを借り上げ、無料輸送をバス事業者に委託している例もある。賑わいの創出に寄与し、移動手段を用意することで地域全体の消費を活性化することが期待されている。

このような現状を前提に、バス協会からは、深夜交通にあたっては、ターゲットと移動ニーズ、そしてこれに対応した移動手段について検討すべきという問題提起がなされた。

まず、ターゲットが日本人（住民）か外国人（旅行者）かで移動ニーズがまったく異なる。外国人（旅行者）であれば、店舗や施設間、繁華街間の移動ニーズ、あるいは店舗等からホテルまでの移動ニーズが中心となろう。いずれも移動距離は短いし、まとまった人数が一斉に移動することもない。このような場合の移動手段はタクシーでも問題ないであろう。料金の負担も少なく、きめ細やかな移動ニーズに対応できる。他方、日本人（住民）であれば、店舗から自宅までの帰路ニーズが中心となり、移動距離は長くなる。この場合は終電時間の延長、終電に代わる深夜バス運行の検討が必要となる。

ただ、いずれにせよ、バス事業者や鉄道事業者の経営判断に委ねた場合は、コストに見合う需要が見込めなければ実施は難しくなる。また鉄道は輸送量と保守間合い（保線作業を行うために必要な時間）がネックになる。

事業者が輸送サービスの提供を行わない場合、地域振興の観点から、自治体、地元経済界等の負担によりバスの運行を手配することも考えられる。この場合、地元経済界が貸切バスを借り上げて運行する方法、路線バスの運行に何らかの支援をする方法などがありうる。特に実証実験としてバス輸送を行う場合や、輸送需要が明確でないが地域振興の観点から先行的にバス輸送を行う場合、地元の支援が必要となろう。

夜間の輸送サービスの提供については、鉄道の終電時間の延長、あるいは終夜運転、路線バスや貸切バスによる足の確保、タクシーや乗合タクシーなどによる輸送について総合的に検討し、移動ニーズに合った効率的な輸送の提供を検討する必要がある。

以上のような問題提起を経て、政策提言には、海外の公共交通機関の終夜運行の事例（5章参照）を参考にしつつ、鉄道の営業時間延長、週末（金・土）の終夜運転を行う場合の課題（騒音等への対策、保守点検時間の確保、需要見直し等）、主要バス路線の深夜バス営業（地下鉄の営業時間延長に連動）、相乗りタクシーの導入・解禁が盛り込まれた。

6　安心安全の確保

風営法改正の際には、喧嘩等のトラブル、深夜時間帯の未成年者の立ち入り、酔客による店内外での騒音、さらには違法薬物問題や性的被害に対する懸念の声も寄せられた。

規制緩和は、法律による保護から民間側の自己責任へのシフトチェンジである、ということは先に述べた。風営法があろうとなかろうと、店舗からの騒音トラブルや酔客による迷惑行為があってはならないのは当然のことである。想定されるリスクを回避するために、どこまで法律で規制しなければならないか、あるいは業界の責任の範疇として任せてしまっていいのか、というのが規制緩和論である。法規制を緩めるということは、それだけ業界側の責任に委ねられるということを意味する。

クラブ事業者の多くは安全な遊び場を提供することに対して極めて高い意識を持っている。さらに必要なのは、安心安全な場所であることをアピールし、地域や観光客との間に信頼を築くことである。そのためには、安心安全を確保するしくみを組織化し、かつそれを〝見える化〟することが重要である。

ナイトタイムエコノミーを推進していくにあたって懸念されるのは、①酔客によるトラブル、②未成年者の飲酒や不良化、③騒音、の大きく三つであろう。

まず、①酔客によるトラブルは、たとえば酔客同士の喧嘩、泥酔客を対象とした窃盗や詐欺などが典型例である。とりわけ近年では、酔客を何らかの薬物で眠らせてしまい高額のカード決済を行う犯罪行為が増えている。つまり、酔客による問題行為によって店舗や近隣が被害者になるパターンに加え、酔客自身が被害者になるパターンがある。

喧嘩、窃盗、詐欺、いずれも立派な刑事事件である。これらの事件が生じた場合、店舗から警察への協力を求める必要が生じるし、とりわけ喧嘩により負傷者が出ている場合などには緊急での対応が求められる。

議連において、風営法改正のときと同様、犯罪の検挙や予防のために重要なことは店舗をアングラ化させないことであるという指摘が改めてなされた。指摘をしたのは、株式会社エグゼクティブプロテクションの小林勝人代表である。同社は、多数のクラブやライブハウス、音楽フェスティバルにおける警備の実績を有しており、治安に関する現場の状況を熟知する立場にある。小林さんは、六本木商店街振興組合の理事も務めており、六本木という街全体の治安についてもリアルな現場感を持っている。

小林さんは、風営法改正後、クラブには、ⓐ特定遊興飲食店を取得できた店舗、ⓑ取得したくでも条件を満たさず取得できない店舗、ⓒ取得するつもりがない店舗の3パターンがあると言う。ⓒについては取り締まるのはやむをえないが、ⓑの中には地域と長らく良好な関係にあり、健全な営業をしている店舗が多くある。街の安心安全のために必要なのは、健全な店をアングラ化させないための法整備であり、警察との密な連携体制であると、小林さんは主張する。

②未成年者の飲酒や不良化については、未成年者であっても18歳以上であれば夜11時までクラブに入場することは合法である（東京都の場合）。もっとも、一度入店させてしまった後、夜11時前に退店させるのが店舗のオペレーションとして困難であるし、また店舗内でドリンクを購入

する際に都度年齢を確認するのも煩雑であるため、多くの店舗が20歳未満を立入り禁止としている。しかしながら、このような入場ルールは各店舗のポリシーに委ねられ、統一的なルールがあるわけではない。いまだに18歳未満を深夜営業帯に入店させている店舗もやはり一部にはある。

この点についての統一的なルール構築の必要性についても小林さんから提案された。大規模なクラブでは入店時に写真付き身分証明書の確認が行われる。ここで問題なのが年齢確認を行うのが誰かである。店舗スタッフやイベント主催者が自ら行う場合、18歳未満を入場させてしまう可能性は否定できない。多くの店舗がかなり厳格に年齢の確認を行っているとはいうが、誰がどのように年齢確認を行うか、全店舗に統一した客観的基準が必要なのかもしれない。

③騒音については、店舗内からの音漏れが問題になるパターンと、店舗から出て帰る客、あるいは店舗前に滞留する客による話し声が問題になるパターンがある。店舗内からの音漏れは多くの店舗が防音措置を施しているので問題になることは少ない。問題になっても多くは防音施工により解決する。

それに対して後者の騒音源は店舗外なので、店側のみで対応策を講じるのは極めて難しい。街なかで騒ぐ酔客が、どこの店舗から出てきた客なのかを特定するのは不可能であるし、店舗に責任を負わせることはできない。

必要なのは街全体の安心安全を保つことである。エグゼクティブプロテクションは、港区の委託を受け、六本木の街全体の警備業務を行っている。週末を中心に複数名のセキュリティスタッフを六本木交差点付近に立たせ、さらに街なかを巡回させる。外国人観光客が多い土地柄、セキュリティスタッフの多くは外国人である。屈強な外国人スタッフが街なかにいることで、何かあれば気軽に助けを求めることができるという安心感が生まれる。こうしたちょっとしたことで街の体感治安は大きく変わり、粗暴犯の発生率が大幅に減少したという。この点は六本木に拠点を置く森ビルの河野さんからも指摘された。

そして、エグゼクティブプロテクションは、商店街や町会、各種事業者と連携して街の安心安全を制度として構築することを目指している。制度として構築することで、安心安全が〝見える化〟されるし、また他のエリアに対しても応用可能となる。この点についてイギリスの「パープルフラッグ制度」（5章参照）が先行事例として挙げられる。エグゼクティブプロテクションは、イギリスのパープルフラッグ制度の運営団体へのインタビューや現地視察を通じてさまざまな知見を得ており、日本ならではの制度づくりに活かそうとしている。

7　プロモーションの強化

魅力あるコンテンツを実施しても、周知しなければ人は集まらない。外国人にイベント情報が十分行き届かず、チケットを購入するのも困難な事態が発生しているとの指摘が議連で報告された。ライブハウスやクラブにはイベント情報やチケットに関する問いあわせが外国人から多数届いているという。主にインバウンド観光客を対象としたプロモーションに関する要望については、多くの民間アドバイザリーボードから寄せられた。

議連では、日本に行ってみたいと思わせるプロモーション活動として、影響力のある海外メディアとの連携、海外観光客に訴求可能なインフルエンサーやブロガーの活用・育成、さらには一方的なプレゼンテーション型情報発信からユーザー評価を組み込んだレコメンド型情報発信メディアの確立等の提案があった。いわゆる旅前のプロモーションである。

また日本を訪れている外国人観光客（旅中）に対しては、空港や主要駅での広告スペースの確保、ホテルコンシェルジュとの連携、情報誌の配布、街なかでのナイトカルチャースタンド（観光案内所）の設置などが提案された。提案主体は、日本ナイトクラブ協会、ライブハウスコミッション、フード&エンターテインメント協会、日本音楽制作者連盟等の事業者団体が中心である。

さらに、動画を中心にさまざまなメディアで日本のナイトエンターテインメント情報を提供しているCLUB TVからもプロモーション事例の紹介があった。ナイトエンターテインメントに特化するのではなく、日中と夜の観光をシームレスに接続するようなプロモーションにこだわっている印象を受けた。

これを受けて、政策提言では、海外へのプロモーションとして情報発信の一元管理による多言語サイト・アプリの魅力向上が、国内での周知としてツーリスト・インフォメーションの設置が盛り込まれ、外国人向けチケッティングのしくみについても提言されている。

8　公民連携で複合的に政策を実施

以上の通り、政策提言として①コンテンツ、②施設、③夜間交通、④安心安全、⑤プロモーションについてそれぞれ取りまとめがなされた。

ここで重要なのが、これらの施策を総合的に実施していくことである。ナイトタイムエコノミー推進のための政策手段にはさまざまな手法があるが、これらの手法が単独で用いられても実効性は薄い。施設が充実していてもコンテンツが不足していては意味がないし、コンテンツがたくさんあっても受け入れる施設がなければ意味がない。さらには、いいコンテンツと施設が充実していても、情報発信がなければ認知されず、消費に結びつかない。夜間交通がない場合や安心安全が担保されない場合も同様である。重要なのは、複数の政策手段による相乗効果を発揮させることである。

風営法改正は、ナイトタイムエコノミー推進のための1ピースにすぎない。規制緩和を行い自由な経済行為の幅を広げる。このような直接規制の緩和が風営法改正であった。風営法の規制緩和はダンス規制の撤廃を中心に、ダンス議連により強力に推し進められた。加えて、ナイトタイムエコノミー議連でも引き続き議論され、いくつかの規制緩和が政策提言に盛り込まれた。興行場利用に関する仮設建築物の設置期間の延長、デジタルダーツやシミュレーションゴルフの風俗営業からの除外、さらには小箱問題（特定遊興飲食店営業のさらなる規制緩和）である。

さらに、ナイトタイムエコノミーを推進していくためには、規制緩和以外の政策も必要である。民間側の取り組みだけでは難しい課題については、政治や行政の支援が求められる。たとえば、街の安心安全の確保や夜間交通の整備などは、個別の事業者や業界で取り組むのは限界がある。事業者側の受益者負担が原則であるが、市場が成立しにくい領域の政策については政治や行政主導で実施していく必要がある。

もちろん、民間でできることは民間がすべきである。コンテンツ開発や場の整備、プロモーションの強化などは本来民間側で事業として実施すべき領域である。ただ、民間の事業を実効的なものとするために行政の支援が有用なこともある。たとえば、観光分野での夜間帯活用の取り組み実績は日本国内ではまだ多くない。地方都市にも夜間の観光資源になりうるコンテンツや場が眠っているであろうが、観光資源として活用するという発想がなく、あったとしてもノウハウが不足している。そのような場合、行政が国内外の先進事例や実施ノウハウを調査して情報提供することで、民間事業者に夜間観光事業に意識を向けさせるなど、行政が民間による事業実施をリードしていく必要がある。

重要なのは、官民が連携し、さまざまな政策を組みあわせ、民間の創意工夫とともにアクションを起こしていくことである。

5章　ネットワークをつくる——海外のナイトタイムエコノミーの実践

1　ナイトメイヤー（夜の市長）のグローバルネットワーク

ナイトメイヤーとは

ナイトタイムエコノミーに関して日本が直面しているテーマの多くは、すでに海外で議論され、さまざまな取り組みが具体化している。

多様な居住者を引き寄せ、インバウンド観光ニーズを取り込むためには、夜間においても都市ブランディングが必須である。海外諸都市では、そのような大きなフレームワークで夜間活用が議論されており、そして各都市のナレッジをシェアしあい、議論するためのグローバル・ネットワークも構築されている。このネットワークが、オランダ・アムステルダムで始まった「ナイトメイヤー（夜の市長）」制度である。

夜の市長ことナイトメイヤーはアムステルダムで2003年に誕生した。ナイトメイヤーが担う役割は、夜の街と昼の行政の橋渡しである。夜間産業の事業者らの窓口として彼らの要望を集約し、行政や政治家と交渉する。騒音問題などについては住民側に立って対応を考える。ステークホルダーの利害を集約し、それをしかるべき行政部局に対して政策課題として要望し、さらには民間企業間の利害調整も行う。つまり、ステークホルダーからの要望の取りまとめと政策のアジェンダ・セッティングがナイトメイヤーの主要な役割である。

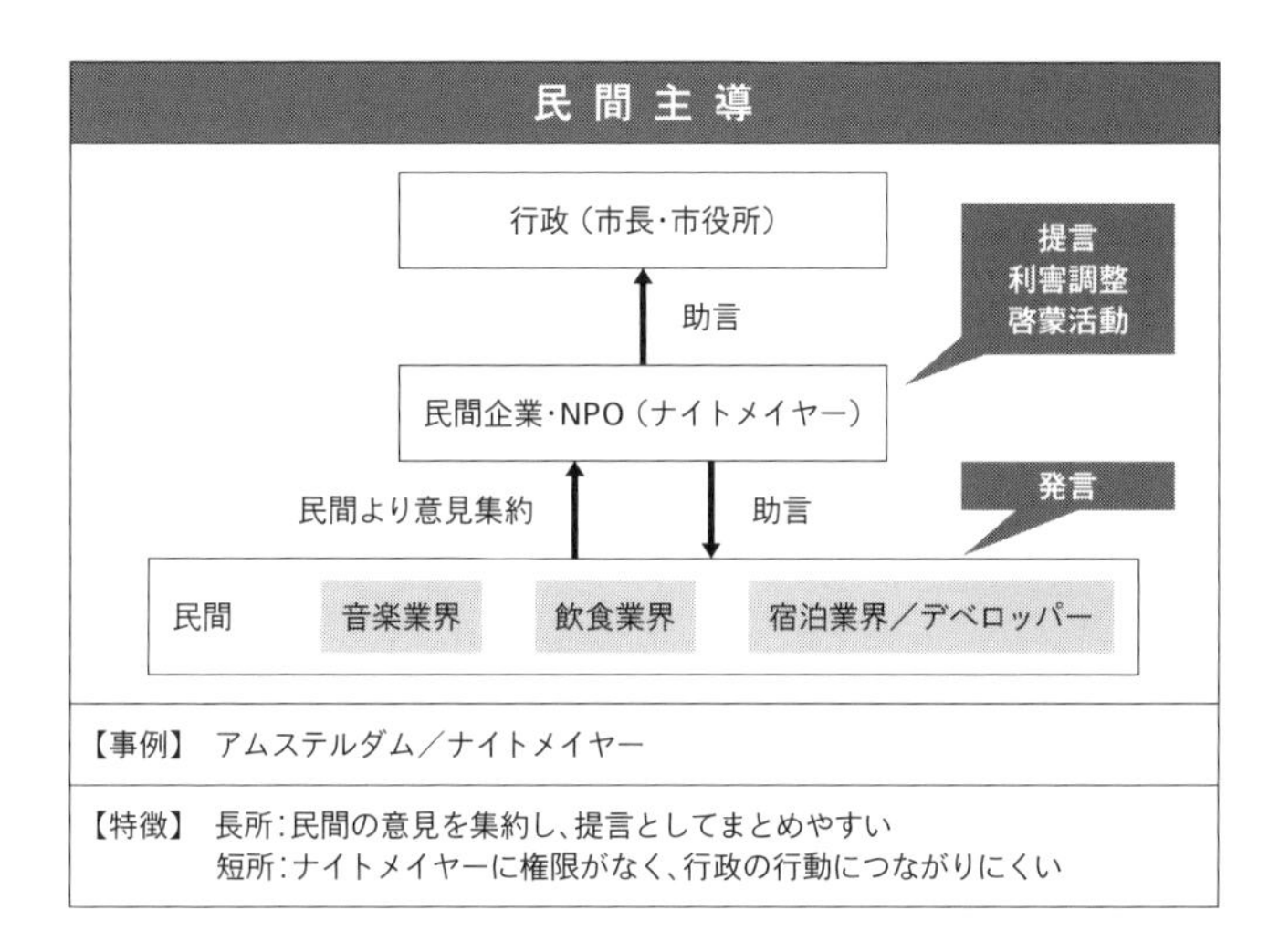

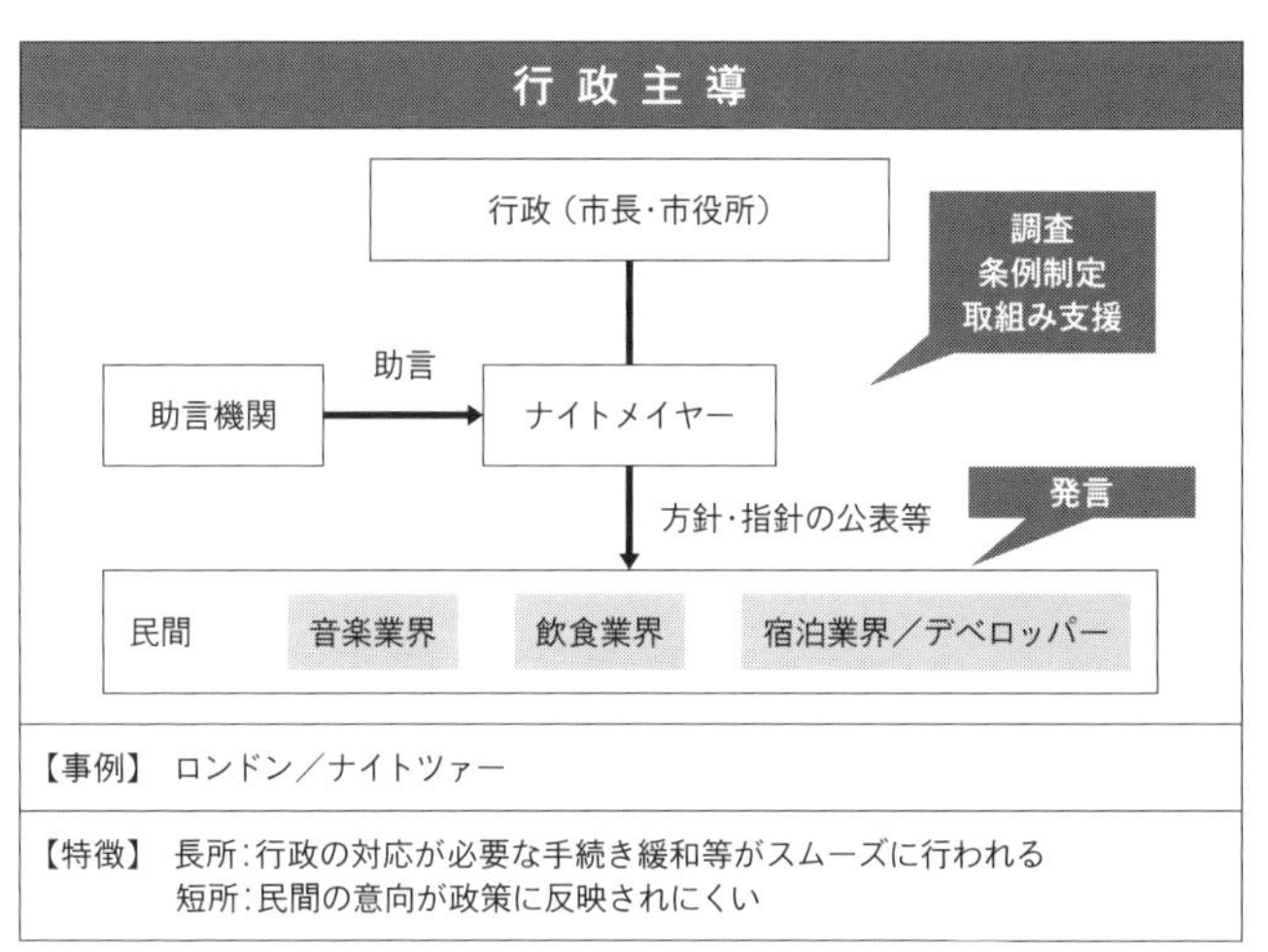

ナイトメイヤーのしくみ。民間主導型（上）と行政主導型（下）
（出典：観光庁「ナイトタイムエコノミー推進に向けたナレッジ集」を元に作図）

しかし、夜の諸問題を昼間の政策アジェンダにすることは極めて難しい。夜というだけで漠然とした悪いイメージを持たれ、政策決定者との間に信頼関係が構築できない。夜が持つ価値を昼間の言葉にいかに適切に翻訳し、前向きな対話の機会を設けていくか。そのためのソリューションがナイトメイヤー制度なのである。

ナイトメイヤー制度は、欧米を中心に広がりを見せている。ナイトメイヤーといっても何か統一された規格があるわけではなく、その都市にフィットする形で制度が設計されている。大きくは、民間主導型、行政主導型の二つに分かれ、前者にはアムステルダムの「ナイトメイヤー」制度や、より民間主導を徹底し分散志向のドイツ・ベルリンの「クラブ・コミッション」がある。後者にはイギリス・ロンドンの「ナイトツァー」、アメリカ・ニューヨークの「ナイトライフメイヤー」がある。

アムステルダムのナイトメイヤー

2015年初旬、私は友人の紹介で、アムステルダムのナイトメイヤー（当時）のミリク・ミランさんと知りあうことができた。ミリクさんは2012年に就任した5代目のナイトメイヤーである。ミリクさんとは、何度かメールやスカイプで意見交換をし、2015年11月に東京を訪れてくれた際にはクラブやライブハウスを一緒に回ったりもした。

ミリクさんは遊び方のセンスがよく、場やコミュニティの面白さを見抜くこともできる。要は現場目線がしっかりしているのであるが、これはナイトメイヤーにとって極めて重要なことである。場の運営者や利用者らが大切にしている感覚をすぐに理解し、コミュニティに溶け込める。現場の感覚がわからなければ、その感覚を適切な言葉に翻訳して、行政や政治に届けることはできない。私とミリクさんは、ナイトライフに関して共通の課題も多く抱えていたことから、すぐに意気投合した。

アムステルダムの元ナイト・メイヤー、ミリク・ミランさん（観光庁でのプレゼン時）

ミリクさんは、毎日新聞（2018年2月26日付電子版記事）のインタビューに対してこう答えている。「日中に何か問題が起きた場合、利害関係者たちが集い、改善や解決に向けて取り組みを進めます。ところが夜に問題が起きれば、警察か行政はすぐに止めにかかります。日中と夜の問題の扱われ方はまったく違います。これは変えなければいけない構造的な問題の一つです。いかにして行政と行動をとれるかが重要だと思います。ゲームのルールを変えるのは対話しかありません。機会をとらえて対話を重ね、ナイトライフを守るためのよい対話をすることが大事です」。

アムステルダムでは、観光客の増加に伴う広場や公道での酔客による騒音トラブルも増えている。店舗内での騒音なら当該店舗に苦情を申し入れれば足りるが、店舗外の場合は責任主体が明確ではない。住民からの不満の声を受け、3年ほど前から住民、クラブやカフェの事業者、行政が対話の枠組みを設け、トラブルを軽減する試験事業を続けている。リードしているのは当時ナイトメイヤーだったミリクさんである。事業資金は官民双方で負担し、週末の夜に20人近いパトロール隊を有給で配置し、何かあれば最寄りの警官の携帯電話にメッセージが直接届くアプリを開発した。その結果、騒音の苦情もアルコール絡みの暴力の報告件数も3割近く減ったという。住民は「ナイトメイヤーがいなかったら、住民・事業者・行政の三者は今も敵対していた」と断言する。

一方、夜間産業は昼間の経済に対しても多くのプラス効果を与えている。オランダのダンス音楽市場は年6億ユーロ（約780億円）と重要な観光資源であり、7千人の正規雇用者を抱える。ミリクさんは同じく毎日新聞のインタビューに対して、都市のナイトライフは「文化の創造の場」で、経済成長の動力源になると強調する。「都市は活気あるナイトライフから社会的、文化的、経済的に恩恵を受けます。外部から観光客らを引き寄せ、企業の進出にもつながります。オランダでは観光産業は、国の経済成長にますます重要になっています。またナイトライフは（デザインや音楽など）クリエイティブな分野の才能を発展させる場です。文化的に多様な街は、より社会的に多様な人たちを受け入れることにつながります。私が「夜の都市計画」が必要だと考えるのはこうした理由からです」。

経済面のみならず、文化面、社会面において夜が持つ価値に光をあて、政治・行政に伝えるのがナイトメイヤーの大きな役割である。そして、アジェンダ・セッティングのためには政治・行政との信頼関係、そして継続的に強いパイプを持つ必要がある。ミリクさんは市役所とも密接に連絡を取りあい、市長とも定期的な会合の場を持つ。ナイトメイヤーの年間予算は15万ユーロ（約1950万円）。これは市と地元事業者らが折半して負担している。

ロンドンのナイトツァー

ロンドンは、2012年のロンドンオリンピック・パラリンピックを契機に、安全で開放的、多様性に満ちた都市を実現し、すべての人を歓迎するという計画を掲げた。サディク・カーン市長はこの流れを受け、夜間経済の振興を目指した「24 Hour London Vision（ロンドン24時間都市構想）」を発表し、カーン市長は選挙の公約でもあった「ナイトツァー（夜の市長）」の設置を実現した。2016年、エイミー・ラメ氏がナイトツァーに就任し、ナイトタイムエコノミー振興の任にあたっている。

ロンドンのナイトタイムエコノミー市場は、260億ポンド（約3・9兆円）。ロンドンの雇用の8分の1に当たる125万職が夜間経済に支えられている。しかし、ロンドンのクラブやライブハウス等のミュージックベニューは、厳しい法規制や賃料の高騰によって2011年ごろからその数が半減している。

ラメ氏は「ナイトタイム・コミッション」（自治体、民間協議会、警視庁等からなる諮問機関）と連携し、24時間都市構想のビジョンを設定し、また実現のためのロードマップを策定している。

主な取り組みとしては、ロンドン市内におけるミュージックベニュー、パブ、ＬＧＢＴ関連施設の数が減少している現状を具体的に把握するべく、ナイトタイム関連施設や廃業リスクが高い施設を明らかにするために調査を実施。併せて事業税が上昇した場合のミュージックベニューに対する影響についてまとめた報告書を公表した。

また、近隣の住宅地開発を計画する不動産開発業者によってミュージックベニューの営業が阻害されないよう法的なサポートを行っている。これはエージェント・オブ・チェンジ法によるもので、不動産開発によって新たに生じるトラブルに対しては、既存のミュージックベニューではなく開発業者が責任を負うというものである。さらに、女性も安心してナイトタイムを楽しめる環境を整備するために、ロンドン市で初となる女性の夜間安全に関するサミットを開催した。

ニューヨークのナイトライフメイヤー

２０１８年3月、ニューヨークのビル・デブラシオ市長と市議会議員ラファエル・エスピナル氏は、ナイトライフ課の設置と初代ナイトライフメイヤーの就任を発表した。ラファエル氏は、２０１７年10月にキャバレー法を廃止した議員である。

１９２６年に制定されたキャバレー法は、日本の風営法と同じく許可のないダンス営業を禁止していた。恣意的な取り締まりに用いられ、マイノリティ・コミュニティに対して脅威となってきた。キャバレー法は、制定当時はハーレムにある黒人客と白人客が入り混じるジャズクラブをターゲットにしていたという人種差別的な端緒を理由に、90年代以降、数回にわたって〝改正〟されてきたが、実際に状況が改善されることは一度もなかった。市内にある約2万5千軒のバー、クラブ、カフェのうち、キャバレー法のもとで合法的にダンスイベントを開催するライセンスを取得できている店舗は、約100軒ばかりであったという。

キャバレー法の改正は、アーティストやダンス業界の団体やさまざまなグループが団結し、約1年間にわたって同法の廃止を目指して活動してきた成果でもある。ラファエル氏は、キャバレー法の廃止と併せて、市役所にナイトライフ課を設置。規制を緩和するとともに、ナイトビジネスに対する政策支援を行おうとしている。

ニューヨークは、ダンス営業を規制する風営法改正を経てナイトタイムエコノミー政策を推進しようとする日本の流れと酷似しているが、すでに行政局を設置し、またアムステルダムのミリクさんの協力を得ながら具体的なプロジェクトを実施している点で日本の先を行っている。

ベルリンのクラブ・コミッション

アムステルダムとともに夜間振興の先進都市として広く知られているのはドイツ・ベルリンであろう。「ベルリンは貧しいけれど、世界で一番セクシーな街」というベルリン市長の言葉はあまりに有名である。

ベルリンでは、アムステルダムと同様に民間主導型であるが、ナイトメイヤーという夜の市長制ではなく、「クラブ・コミッション」を中心に関係業界が連携するスタイルをとっている。ナイトメイヤーという専門職がトップダウン・コントロールにより価値を最大化するのではなく、コミュニティ・ベースでクラブカルチャーを多領域に広げていくボトムアップの分散型モデルである。

ベルリンの宿泊を伴う旅行者は年間3千万人にも及び、クラブはベルリンを訪れる理由のトップ3に入っている。ベルリンのエッジーなクラブカルチャーは、アートやファッション、映画等のクリエイティブ業界のハブになっており、IT企業のスタートアップシーンにとっても重要な存在になっている。そのようなクラブカルチャーの本質を広めてきたのがクラブ・コミッションである。

アムステルダムで開催されたナイトメイヤー・サミット（後述）に登壇したクラブ・コミッションのルッツ・ライシェンリングさんは、クラブカルチャーの本質は「シーンエコノミー」にあると言う。クラブが生みだす価値は、クラブの入場料やドリンク代等の消費ではない。クラブの本質的な価値は、クラブ内で完結するものではなく、他分野への「impulse generator（推進力や行動の原因、勢いを与える誘発剤）」となることにある。クラブカルチャーは、観光産業に対してマスツーリズムに対するオルタナティブな体験を提供し、ファッションやアート、IT、都

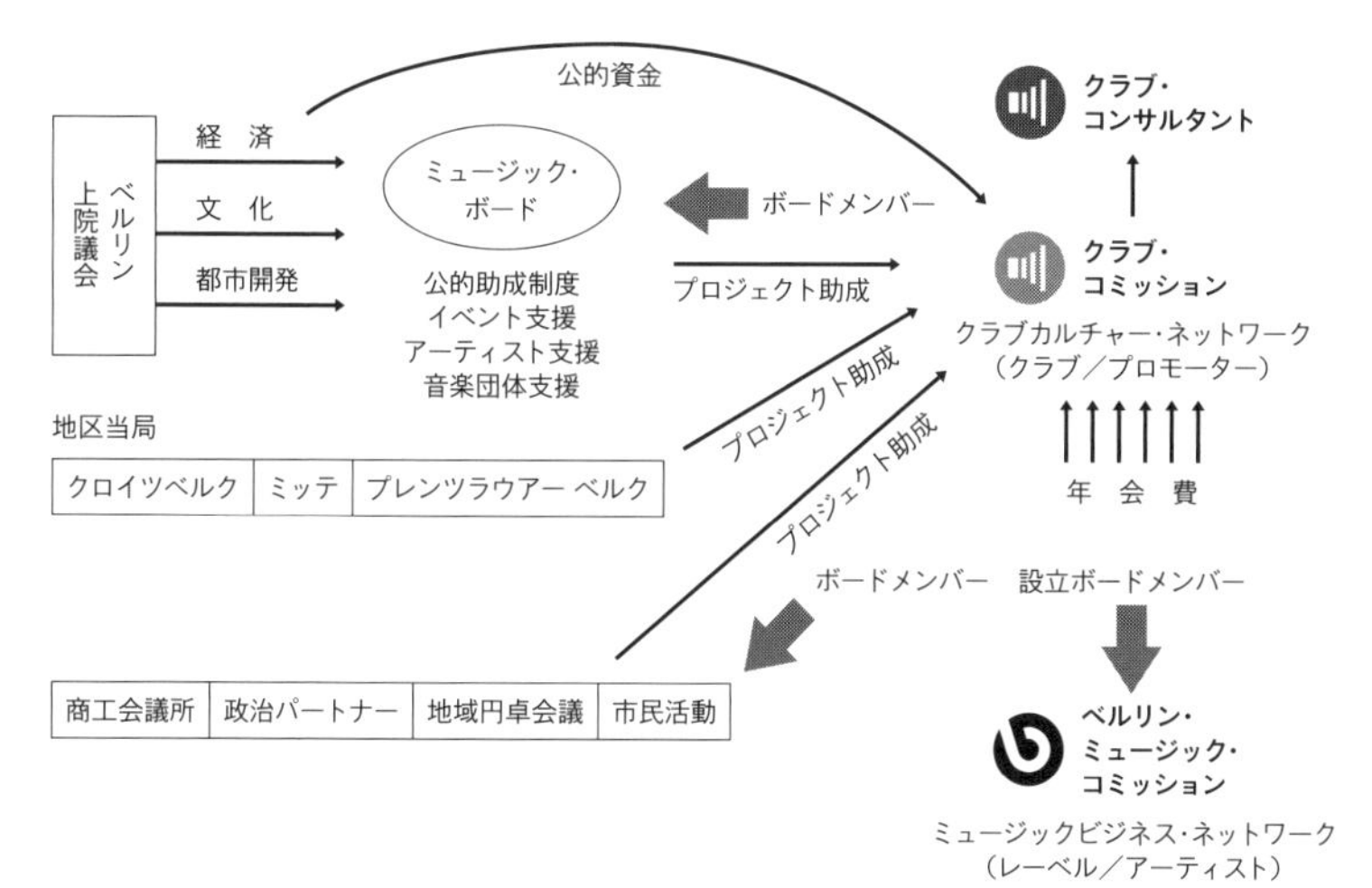

ベルリンのクラブ・コミッションのしくみ
（出典：クラブ・コミッションの資料を元に作図）

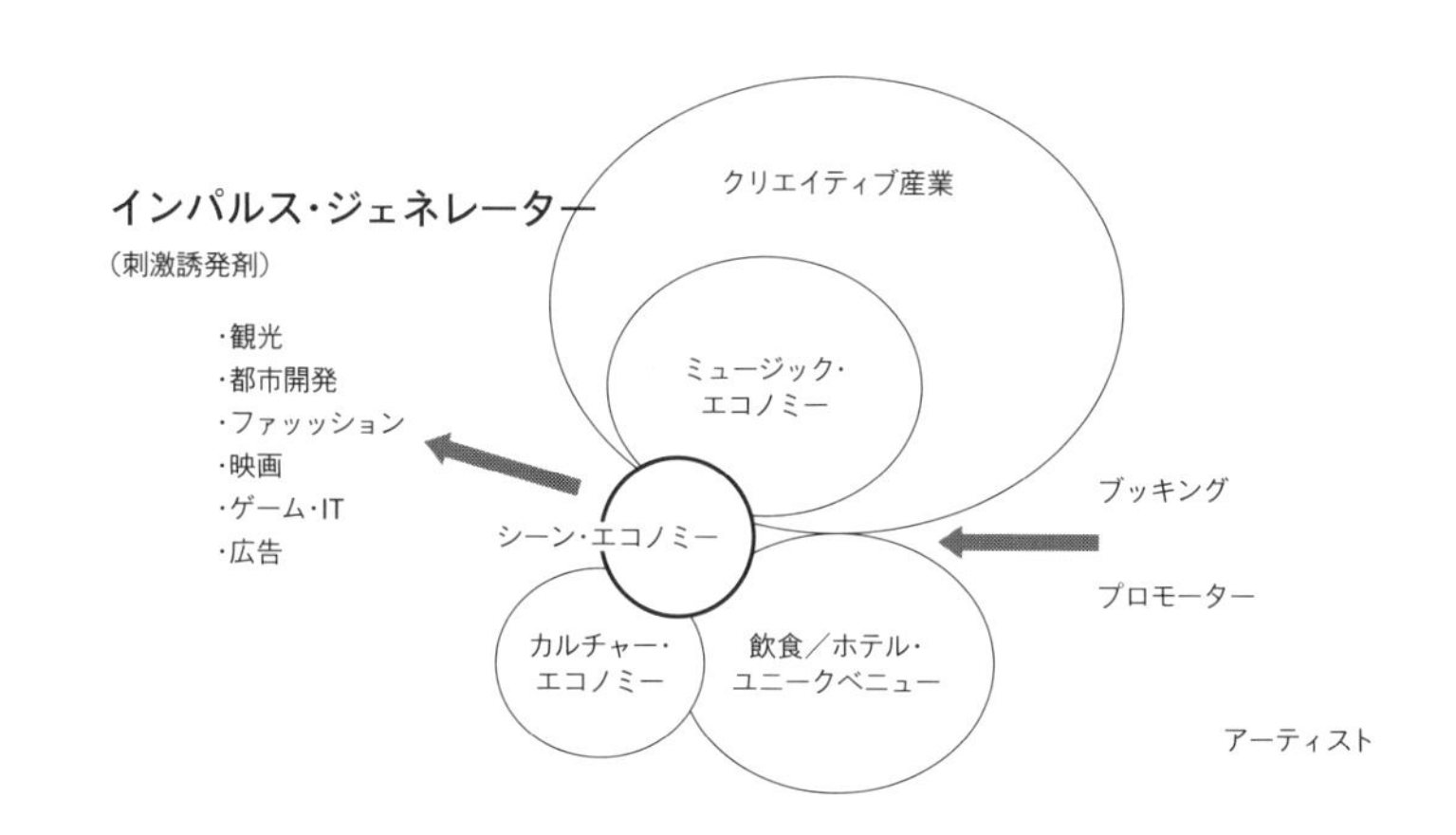

シーンエコノミーの概念（出典：クラブ・コミッションの資料を元に作図）

市開発産業に対しても刺激的なアイデアやインスピレーション、さらにはユニークなネットワークを提供する。

たとえば、クラブを起点とした都市開発である「ホルツマルクト・プロジェクト」はシーンエコノミーのイメージを体現していると言えよう。ホルツマルクトは、ベルリンのシュプレー川沿いにある1万8千㎡もの広大な敷地に、住居、コワーキングスペース、レストラン、ホテル、幼稚園等が集まる都市型エコビレッジである。その中心にあるのがクラブで、これはホルツマルクトの発起人ユヴァル・ディーツァイガーが伝説のクラブ「Bar25」の創始者であることと大いに関係している。

私が初めてベルリンのクラブ・コミッションと接点を持ったのは、２０１４年3月に東京で開催された「After25」というイベントであった。ベルリンの壁崩壊25周年を記念したこのイベントには、クラブ・コミッションのメンバーのほか、ユヴァル・ディーツァイガーらも登壇した。

Bar25はもともと、ベルリンの壁の崩壊後13年間放置されていた土地を使ってユヴァルたちがクラブパーティを開催したことに始まる。Bar25がクローズした後、その跡地にレストラン、バー、ホテル、シアターなどさまざまな施設がつくられたのがホルツマルクトである。クラブカルチャーを軸に、その価値観が派生していく形でコミュニティや街が発展していった。クラブカルチャーはクラブ内で完結せず、コミュニティを形成し、派生するビジネスやカルチャーを生みだしていく。

ベルリンのホルツマルクト（上）、敷地内のバー（下）©梅澤高明

ホルツマルクトには画一的な都市開発のイメージは1ミリもない。もしクラブ単体での消費を最大化するなら、数十万円もするVIPシートと高額なシャンパンで稼ぐビジネスモデルにシフトすればよい。しかし、シャンパン・モデルでクラブの収益を最大化していくよりも、広く他の産業を刺激し、加速させる方が実は経済的利益も大きいのではないか。コモディティ化されないこのようなユニークな都市開発プロジェクトに対して、ビジネスサイドからの評価も高い。実際、ホルツマルクト・プロジェクトはスイスの年金機構から巨額の投資を受けることに成功している。

そして、このようなクラブカルチャーの価値はベルリン市も認めている。クラブ・コミッションが自身の存在意義について積極的に発信し、行政を含む社会とのコミュニケーションをとっていることが功を奏している。

ベルリン市は2017年末、クラブや周辺の住宅の防音強化のため100万ユーロ（約1億3千万円）の拠出を決めた（毎日新聞2018年2月26日電子版記事）。クラブがある地域に移り住んだ住民との騒音を巡るトラブルに対処するためだ。

また、不動産の高騰で経営が圧迫されるクラブが増えるなか、ベルリンの裁判所は2016年、世界的に著名なクラブ「ベルクハイン」の付加価値税を19％から7％に引き下げることを認めた。DJが音楽をかける行為を「コンサート」と認め、美術館など文化施設と同等の優遇税率が適用されることになったのだ。

多様な業界が参加するナイトメイヤー・サミット

都市によってナイトメイヤーのあり方はさまざまであるが、アムステルダムのミリク・ミランさんが中心となって強いネットワークを築いている。私は、ミクリさんの招待で、2016年4月にアムステルダム市で開催された「ナイトメイヤー・サミット」に参加する機会を得た。ベルリン、パリ、ロンドン、ニューヨーク、サンパウロ、シドニー、ニューデリーなど世界28都市から、クラブやフェスティバルなどのナイトライフ関連事業者のほか、観光、クリエイティブ産業、都市計画、公衆衛生、統計等の幅広い分野の専門家が官民問わず参加した。

日本では、クラブ事業者と警察のみがナイトライフのステークホルダーと認識されることが多いが、我々はより大局的な議論をするためにさまざまな関係業界を巻き込もうと試みてきた。先に述べたマルチステークホルダー・プロセス的なアプローチである。ナイトメイヤー・サミットでは、まさにそのような多様な業界を巻き込んだオープンな議論が展開されていて大きな共感を覚えた。

サミットは、初日のオープニングレセプションに続き、朝10時から夜10時過ぎまで丸一日を使い、ゲストによるプレゼンテーションやテーマごとに分かれた小規模なラウンドテーブル・ミーティングが開催された。議論の内容は、参加者の多様性をそのまま反映した幅広いものであった。

都市開発の分野からは、元アムステルダム副市長で、都市開発コンサルティング会社アルカイズのディレクターを務めるキャラロライン・ゲーレルスがプレゼンを行った。

アルカイズは暮らしの質の向上をミッションとし、オランダのみならず広くヨーロッパに事業展開している。都市とは単なる生活とビジネスをするための場所ではない。都市には情緒的愛着があり、すべての都市が異なったパーソナリティ、伝統、そして魅力的な要素を持っている。都市開発にあたっては都市固有のユニークなDNAを活かしていく必要がある反面、どの都市にも共通した課題がある。その課題解決へのアプローチや、法規制のあり方については会場も巻き込み議論は盛り上がりをみせた。

また同じくアルカイズのティイス・クローステルマンはテクノロジーを活用した課題解決についてプレゼンをした。人口密度や騒音をデータ化して地図に反映させることで、混雑などを自主的に避けることができ、地元の人と建設的な話しあいができる。感情論に持ち込むのではなく、客観的なデータをベースにした解決を目指すべきであると提案した。また

2016年にアムステルダムで開催されたナイトメイヤー・サミット。登壇者はミリク・ミランさん
© VibeLab

ナイトライフにとって重要なのはアクセシビリティであり、具体的には夜間の交通アクセス、そしてベニューやイベントの情報アクセスの両輪を構築することが重要であると強調した。

シティ・プロモーションの観点からは、アムステルダム市のシティ・マーケティング団体「アムステルダム・マーケティング」からフラン・ヴァン・デ・アヴァートが登壇した。アムステルダム・マーケティングのミッションは、アムステルダムを居住、観光、ビジネス、そしてインフルエンサーたちにとって、ヨーロッパでもっとも魅力的な都市圏トップ5の一つにすること。「I♡NY」同様に広く使われている「I amsterdam」キャンペーンが有名である。市内の広場にある大きなモニュメントは定番の記念撮影スポットであるし、多くのノベルティグッズにロゴが使われている。

「I amsterdam」には居住者、来街者、その他すべての関係者がアムステルダムの表現者であるという意味が込められている。もちろん、ナイトライフに関するステークホルダーもアムステルダムの重要な表現者であり、シティ・マーケティングにとっても夜の魅力は欠かせない。多様な文化創造の場として夜をブランディングすることで、市民は地元に対してより誇りを持つようになり、観光客の誘致にもつながる。

さらに都市開発の分野から、ブラジルとアメリカの2都市に拠点を持つアンナ・ディーチュも登壇した。建築、アート、コミュニケーションを通じてアーバンライフの変革を促すことを目的とした「CoLaboratorio」の設立メンバーでもある。

アンナ氏は、サンパウロ市の文化大臣とともに、同市のナイトライフ関連のセミナーを開催し、ナイト・マニフェストを作成した。マニフェストは、「中心部以外の周辺部のコミュニティへの配慮を忘れず、表面的で一元的な夜にしないこと」「人や文化が越境し混じりあう夜を生みだすこと」「規制にあたっては夜のミステリアスさを損なわせないよう注意すること」等からなり、ダイバーシティやコミュニティを重視していることがわかる。「ミステリアス」という表現からは、ベルリン市長が語る「セクシーな街」と同様、都市化によって忘れられがちな、人間らしく文化的な街を大切にしている姿勢が感じられる。

この背景には、サンパウロは世界第6位の人口を有する大都市だが、貧富の差が非常に大きく10%がスラムに居住し、コミュニティが分裂している状況がある。市ではさまざまな形でコミュニティへ支援することで課題解決につなげようとしている。たとえば資金力がないローカルの音楽コミュニティが市議会からサポートを受け、公共空間を使ったクラブイベント「SP NA RUA」を行政と共催している。行政との共催イベントにありがちな垢抜けない感じはなく、非常にセンスがいい。

ナイトメイヤー・サミットでは、他にも多くの学びや出会いがあった。初日のレセプション時にロンドンのクラブ関係者が近寄ってきてこう言われたことが印象に残っている。

「君たち東京からだろ？　君たちは風営法という法律を変えるなんて凄いじゃないか！　是非私たちにもどうやってやったか教えてほしい！」

世界を代表するようなクラブが数多く存在しナイトライフに大きな影響力を持つロンドンという都市が逆に東京から学びたいと言う。予想もしなかった要望に驚いた。しかし実際に、近年ロンドンのナイトライフは危機的な状況で（ここ5年間でクラブなど音楽関連施設の多くが閉店に追い込まれている）、彼らもこのサミットからその状況を打破する方法を必死に学ぼうとしていた。

どの都市も共通の課題を抱え、七転八倒しながら課題を乗り越えようとしている。それはロンドンのようなクラブ先進国でも例外ではない。世界中で同じような課題に取り組む仲間とつながることができたのが、ナイトメイヤー・サミットでの一番の収穫である。そして、業界を横断した幅広い議論を聞けたことは、前述したナイトタイムエコノミー議連のアドバイザリーボードメンバーの人選、さらには同議連での議論の内容につながっていった（4章参照）。

2　イギリスのパープルフラッグ

海外の都市では、夜間産業を活性化するのと並行して、安心安全を確保する取り組みも実施している。店舗単体の努力のみで、街の安心安全を確保することは難しく、地域での取り組みが不可欠である。日本においてクラブは長らく法的にグレーな営業を強いられてきたことから、地域と連携することが困難な状況に置かれてきた。改正風営法のもとで地域との関係構築も始まっているが、具体的な制度設計や運用においては先行する海外事例が参考になる。

安心安全や公衆衛生を担保しつつ、地域を活性化する試みとしてイギリスの「タウン・センター・マネジメント」（ＴＣＭ）が知られている。ＴＣＭは、民間企業、地権者、行政が地域単位で結成する地域活性化のための組織である。１９８９年以降普及し、現在はイギリス国内に６００以上のＴＣＭ組織があり、国内トップ50都市中40都市以上で市街地活性化の活動を行っている。ＴＣＭの全国組織「タウン・センター・マネジメント協会」（ＡＴＣＭ）は、ＴＣＭに対する情報提供、中央官庁等の政策決定者との調整、スタッフの養成を行うなどして各ＴＣＭを支援している。ＴＣＭは作業部会を構成し、環境、治安対策、マーケティング、宣伝広告、駐車場整備等の各種施策を実施している（日本政策投資銀行「地方における中心市街地活性化に関する一考察」２０１７年）。

このＡＴＣＭが各ＴＣＭとともに実施しているナイトタイムエコノミー活性化の施策が「パープルフラッグ」である。これは、ナイトタイムエコノミーの活性化を目的とした認定制度であり、①犯罪／反社会的行動、②アルコール／健康、③街の店舗／施設構成、④来街者数、⑤認知度、⑥経済活動の量／価値、⑦来街者の多様性という7項目のＫＰＩ（重要業績評価指標）でエリアを査定し認証していく。

イギリスとアイルランドで約70カ所の地域がパープルフラッグに認定されており、カナダのエドモンドやスゥエーデンなど海外にも展開しつつある。パープルフラッグの導入により、関係者間のパートナーシップの強化、来街者の増加、エリアブランドの向上（投資促進）、犯罪件数や反社会的な行動の減少等の効果を上げることに成功している。

各地域のパープルフラッグの成功の鍵を握るのは、各エリアの代表者で構成されるパープル・ワーキンググループである。メンバーは自治体、BID（Business Improvement District）、警察、消防、住民団体、大学、パブウォッチ（パブの健全化を目的としたネットワーク）、ショップウォッチ（小売店の健全化を目的としたネットワーク）、交通機関等で組織されている。ワーキンググループは毎月1回の定例会合を開催し、街の課題を協議する。

ナイトタイムエコノミー議連の民間アドバイザリーボードを務めるセキュリティ会社エグゼクティブプロテクションの小林勝人さんはATCMとネットワークを持っている。同社はロンドンのベックナム地区に赴きワーキンググループの活動を視察し、極めて実効的に機能している様子を以下の通り報告している。

・泥酔客への対応：以前、店舗は泥酔客を店舗外に排除することで「解決」していたが、泥酔客の安全面に配慮していないことを懸念する声があがっていた。そこで、ワーキンググループはセキュリティおよび店舗スタッフにセーフティトレーニングを義務づけた上で、スタッフが泥酔客の状態を診て、一定時間店舗内にとどめることとした。女性の泥酔客がハイヒールを履いて転倒し、負傷する事案が多々発生したことから、店舗が貸出用サンダルを準備して対応している。

・閉店時間の変更：以前、すべてのバー、クラブの閉店時間は同じであったため、退店客が一斉にタクシー乗り場や店舗外で滞留することとなり、喧嘩等のトラブルが絶えなかった。このためワーキンググループは、バー、クラブの閉店時間を店舗ごとに変更し、退店者数・路上滞留者数をコントロールすることに成功した。
・警備会社による交通誘導・整理：前項の閉店時間の変更に加えて、タクシー会社が警備会社に乗り場での交通誘導、整理業務を委託し、トラブル発生を防ぐことにした。
・街の清掃、来店者の誘導：バー、クラブと地域への関わりを強めるために、各店舗が不要なトラブルの防止や街の美化に努めることにした。店舗スタッフやセキュリティが閉店後に蛍光ジャケットを着用し、来店者の誘導や清掃を実施している。
・警察官の巡回時間の変更：警察官の路上パトロールの時間が、トラブルが発生しやすい時間帯に実施されていなかったため、ワーキンググループは地域にとって一層効果的なパトロール時間帯を警察に提案し、時間変更を実現した。
・清掃業者のゴミ回収時間の変更：清掃業者が店舗が大量のゴミを廃棄する前に回収するため、近隣住民から改善を求める声があがった。ワーキンググループは自治体・清掃業者に提示し、ゴミ回収時間の変更を実現した。
・高齢者への防犯教育：ベックナムで高齢者宅を狙った家宅侵入事件等が相次いだことを受け、ワーキンググループの提案で、高齢者を対象とした映画館割引日に警察官が映画館で防犯対策に関するセミナーを実施。コミュニティの防犯知識の向上を図っている。

- セキュリティの配置：夜間営業している店舗は規模にかかわらず、店舗出入口にセキュリティを配置し、入退出管理を実施。セキュリティは来場者間のトラブル解決やトラブルを未然に防ぎ、店舗の健全化、円滑な営業を支えている。
- 生体認証を利用したアクセスコントロール：ベックナムのクラブでは来店者に顔写真付公的身分証の提示と生体認証（指紋）の登録を求めている。他店舗とデータベースを共有しており、「ブラックリスト」に載った客の入場を拒否している。また、生体認証登録済の来場者については、身分証の提示がなくても入場を許可している。
- コントロールルームによる監視：地域内で合意した店舗にカメラを設置しコントロールルーム（監視室）で各店舗の状況を監視できる環境を整備している。

このようにパープル・ワーキンググループが活動できているのは、パブウォッチ、ショップウォッチといった既存のネットワークが機能し、民間が積極的に横のつながりをつくり、問題や情報を抽出しやすいしくみが整備されているからである。パブウォッチやショップウォッチは、反社会的行動等の防止に取り組み、健全な店舗運営や地域の治安維持を相互支援するしくみを構築している。自治体や警察とも密に連携を取りあっているが、行政頼みではないのがポイントである。同じ地域の会員店舗に無線機を支給し、エリア内の他店舗にも影響がある事案が発生した場合、無線機で情報を共有する。会員店舗が民間警備会社に巡回パトロールを委託し、ギャング、

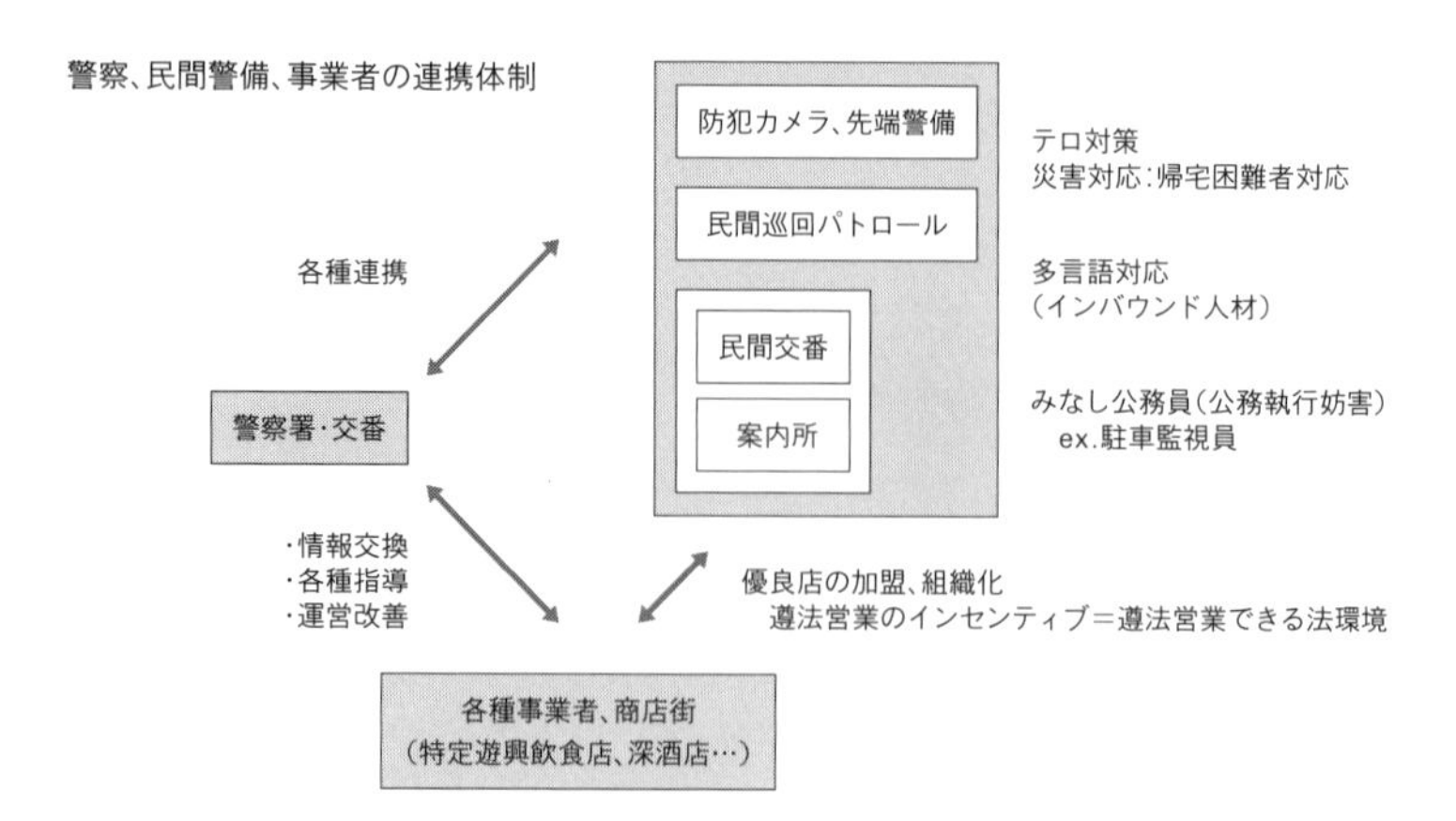

日本版パープルフラッグの試案(出典:ナイトタイムエコノミー議連の資料を元に作図)

フーリガン、泥酔者によるトラブルを未然に防ぐ取り組みも行っている。

日本においては、風営法改正にともない、良好な風俗環境を保全するために所轄警察や地元事業者による風俗環境保全協議会が設置された。規制緩和にともない、風俗営業等が密集する繁華街において騒音苦情や酔客による迷惑行為など周囲に及ぼす悪影響が懸念されるためである。定期的に会合が開催されているが、東京での状況を聞く限り、現時点で目立った活動や成果は聞こえてこない。

形だけパープルフラッグやATCMを日本に導入しても、実際に機能させるのは難しい。重要なのは、事業者や住民の自主性である。エグゼクティブプロテクションの小林さんは、ATCMの人たちから直接話を聞き、自分たちの街に誇りを持っていることを強く感じたと言う。自分たちの街に誇りを持ち、自分たちで盛り上げ、また守っていきたいという思いが根底にあり、それが積極的な活動につながっている。

パープルフラッグもナイトメイヤーも、もともとは現実的に差し迫った課題が目の前にあり、それをなんとか克服するために必死に知恵を絞った末にようやく生まれたものである。街の問題を自分事として捉え、行政や人任せではなく自ら解決していこうとする自主性がエンジンとして機能している。このエンジンなしに、形だけ立派な制度を導入しても決して機能しない。

そして、この自主的で積極的なマインドは、都市の競争力にとって極めて重要である。ナイトタイムエコノミー政策でさまざまな市区町村とやりとりする機会が多いが、対応は本当にまちまちである。古くからの歴史や産業的な集積があったとしても、そこにあぐらをかき、受け身の姿勢でいては他の都市に距離を開けられてしまうであろう。ナイトタイムエコノミー先進国のロンドンですら、熾烈な都市間競争に危機感を持っていることを忘れないようにしたい。

3 イビサ島のカスタマー・ジャーニー戦略

日本には、古くから多様なコンテンツが多くある。伝統芸能からアニメ、ゲーム、音楽、映画まで、コンテンツの多様性は世界最高峰だと感じる。また風光明媚な自然や歴史的建造物も多くある。しかし、それらを観光資源としてアップデートしていくための工夫の余地がまだまだある。

この点で、スペインのイビサ島などを訪れると、非常に多くの気づきがある。イビサ島は、中世の古城を中心とした市街地と、サンセットが素晴らしいビーチからなるリゾートであるが、夕方から夜にかけてさまざまな観光体験が用意されている。ナイトエンターテインメントは都市型のイメージが強いかもしれないが、イビサ島は自然や歴史遺産とナイトエンターテインメントを活用し、長期滞在型で高単価な観光地として成功している。

イビサ島は世界一美しいと言われるサンセットが有名である。サンセットは1日の終わりではなく、むしろ始まりと言ってもいい。美しいサンセットは最高の観光資源であるが、ビーチとサンセットだけでは消費は生まれない。せいぜいビーチパラソルやビーチハウスの利用料金程度であろう。しかし、イビサ島では、ロマンチックなサンセットを入口に、高単価なディナーやナイトエンターテインメントに顧客を誘導する動線が用意されている。リラックスした日中と、エキサイティングな夜を一体的な体験として提供しているのがイビサである。顧客がどのようにコンテンツと接点を持ち、消費意欲が喚起されて実際に消費に至るのか、このプロセスがカスタマー・ジャーニー視点で非常にうまく設計されているのである。

まず、サンセットの楽しみ方が消費を伴う形でいくつか用意されている。サンセットは、イビサ島内のビーチからも楽しめるが、ボートを借りて近くのフォルメンテーラ島に行くのもいい。ボートのレンタル代は決して安くないが、地中海のクルージングは素晴らしい体験である。なかにはバーやDJブースが備えつけられているボートもあり、クルージングを盛り上げる。

フォルメンテーラ島に着くと、ビーチサイドにあるレストランでシーフードを食べる。食事や海水浴を楽しみ、日没前には再びボートに乗って島を出る。大切なのはサンセットを見るためのロケーションである。ボート上からサンセットを見るのもいいが、「ブルーマリン・イビサ」という海沿いのオープンカフェに向かうのが定番ルートである。通常は陸から入るが、ボートを桟橋につけて海上から直接入ることもできる。

店内に入ると、ＤＪが音楽をかけてサンセットを演出している。かけているのはイビサ島を含む地中海のバリアリック諸島発祥のバレアリック・ミュージックである。サンセットがもっとも美しく見えるのはＤＪブースの背後にあるＶＩＰシートである。数十万円もする高価な席であるが、音楽とサンセットを楽しむにはこれ以上ないロケーションであるため、すぐに予約が埋まる人気席だ。このようにビーチとサンセットを見事にコンテンツ化している。

美しいサンセットの余韻が覚めないうちに、次に向かうのがイビサタウンという古城のある旧市街である。古城の石畳を歩きながらレストランを探す。ほとんどのテーブルがオープンテラスにあり開放的である。ディナーを終え、古城の階段を上がっていくと夜景が素晴らしいバーもある。古城の階段にクッションを敷いているだけのバーもあるが、市街地の夜景を見渡せる階段席は、高価な内装のレストランより贅沢である。古城を単に保存するのではなく、文字通り使い倒している。美しいサンセットの余韻を味わうために、古城というスペシャルなロケーションを用意し、レストランでのディナー、さらにはバーでのドリンクに誘導している。

ブルーマリン・イビサのＤＪブースから見るサンセット

イビサ島の旧市街イビサタウン。オープンテラスでディナーを楽しめるレストランやバーが軒を連ねる
© PIXTA

イビサではエンターテインメント・レストランも人気である。まず有名なのは「ハート・イビサ」。世界一予約困難と言われたスペイン料理レストラン「エル・ブジ」のアドリア兄弟が料理を、ショーはシルク・ドゥ・ソレイユの創設者で最高責任者のギー・ラリベルテが担当する。世

界最高峰の食事とエンターテインメントのハイブリッドであり、五感を刺激する体験の完成度が高い。

受付後に通されるウエイティングテラスから仕掛けが始まり、その独特の世界観に引き込まれ、メインレストランへの期待が高まる。ショーと食事は単体で楽しむ構成ではなく、すべての料理がその提供の仕方までショーとシンクロしている。ショーにはハプニングが仕込まれていて、再訪客も飽きさせない。客単価は最低3万円ほど。ドリンクを頼むとあっという間に5万円以上になるが、この価格帯でも常に満席である。

日本にも古来受け継がれてきた多くのショー・パフォーマンスがあり、また日本食もその完成度の高さやある種のクレージーさではエル・ブジに負けていない。必要なのはアップデートと掛けあわせのセンスだろう。

もう1軒、イビサで有名なエンターテインメント・レストランが「リオ・イビサ」である。店内は大きく外に開かれ、席からは地中海と海上に浮かぶ古城が目の前に見える。その夜景を背景にしたステージではショー・パフォーマンスが展開され、料理とともに楽しむ。すでにある夜景を使うのに費用はかからない。ショーや料理もハイクオリティだが、それにも増して夜景と水辺の使い方がうまいと感じた。

しかし考えてみると、これは日本に昔からある借景の手法である。借景とは遠くの山や森林などの景色を庭の一部であるかのように利用する造園手法のことで、京都には比叡山を借景として取り入れた庭が多い。リオ・イビサはまさにこの借景を使い、高単価のエンターテインメントをつくりあげている。ここもハート・イビサと同様の値段設定であるが、常に満席である。

ハート・イビサやリオ・イビサはディナー帯の後はクラブに一転する。そのまま滞在して音楽を楽しんでもいいが、イビサは世界的なクラブの集積地であり、毎晩のように世界のトップＤＪのパーティが楽しめるクラブがたくさんある。

「パチャ」という老舗の大規模クラブは常に盛り上がっている。２０１８年に訪れたときは世界最高峰のＤＪと言われるデヴィッド・ゲッタがプレイする真横がＶＩＰ席だったが、席料は70万円ほどと強気の料金設定であった。

最近、イビサ内で圧倒的な人気を得ているのが「エルロー」というスペイン・バルセロナ発のパーティである。クラブイベントとサーカスのようなショー・パフォーマンスが一体となったようなパーティで、その晩のイベント・コンセプトにそって仮装したパフォーマーがダンスフロアを練り歩き、天井からぶら下がり、ダンスをしながら客を煽り、会場を盛り上げる。

私が最初に訪れた際のパーティ・コンセプトは〝森〟であった。5千人収容の大きな会場は、全体が大量の枝、葉、キノコ、木の実、動物のオブジェなどで装飾され、パフォーマーは動物や妖精のような仮装をしている。衣装や小道具は会場内でパフォーマーから配られ、客も一緒になって仮装をして盛り上がる。目玉はステージ上から噴出される凄まじい量の紙吹雪である。ダンスフロアのピークタイムに合わせてありえない量の紙吹雪が噴出され、フロアを大きく盛り上げる。客を巻き込み、盛り上げていくための演出が徹底されている。

欧米やアジア圏にも広く流通しているチケットは即売り切れるほどの人気だが、ホスピタリティに溢れたアットホーム感と、圧倒的につくり込まれたエンターテインメント性を体験するとそれも納得である。

日本でも観光資源やコンテンツの力はまったく負けていない。それらを掛けあわせてキュレー

リオ・イビサでのショー・パフォーマンス

老舗クラブ、パチャのVIP席から見るDJプレイ

イビサで人気のパフォーマンス「エルロー」

© elrow

ションするセンスと、カスタマー・ジャーニー等で高収益化するビジネスモデルがあれば、さらに大きな伸び代が期待できる。

4 コンテンツの多角化による街のブランディング

ニューヨークのブロードウェイ・エクスペリエンス

ニューヨークのブロードウェイと聞けば、行ったことがない人でもショー・エンターテインメントの街を想起するであろう。それだけ街と観光コンテンツが一体化し、ブランド化されている。単にショーを観るだけでは、消費額にも限界がある。観劇客に、観劇だけではなく、いかに長時間にわたって滞在してもらい、たくさん消費してもらうのか。ブロードウェイでも、先に紹介したイビサ島のビーチとサンセットと同じ発想で、カスタマー・ジャーニー目線での動線設計がなされている。

ニューヨークで観光客にもっとも人気の高い場所の一つであるブロードウェイには、演劇やミュージカルの常連客が多い。観客の60％は1シーズン中に少なくとも2作品を鑑賞するが、ファンは平均して1シーズン4本の作品を鑑賞する。観客の39％が地元住民、61％が観光客で、女性の観客が66％を占める。巡業も大きなマーケットとなっており、北米を巡業するショーの売り上げは10億ドル（約1100億円）、1390万人の集客動員数（2016～17年度シーズン）を誇っている。ブロードウェイでは、8万7千人余りの雇用のほか、周辺産業も含めるとニューヨーク市に126億ドル（約1兆4千億円）の財政貢献をしている。

ブロードウェイでの楽しみは観劇だけではない。飲食ビジネスもショーを中心に展開されている。多くのレストランでは、夜間公演開始前の時間帯に、リーズナブルな観劇用セットメニューを提供しており、ハッピーアワーとしてカクテルが割引料金で楽しめる。幕間に来店する客のために、並ばずにカクテルが飲めるといったサービスを提供するところもある。観劇後に食事をする人のために深夜遅くまで営業しているレストランも多く、観劇の興奮とともに老舗ジャズバーに流れる人もいる。タイムズスクエアでは、ブロードウェイをブランド化したグッズも人気である。

公演チケットの購入方法は多数用意され、オンライン販売サイトのほかに、当日購入できるチケットもあり、開演20分前になると値下がりするディスカウントチケットもある。ホテルやアメックスのコンシェルジュを通じて購入することもできる。

このように、ブロードウェイでは、チケット購入から、観劇、さらには観劇前後の飲食まで含め、一つの体験として提供されている。重要なのは、これらを一体化して「ブロードウェイ・エクスペリエンス」としてブランディングされていることである。観劇をメインコンテンツにすることで、多くの来街者を呼び込み、飲食や音楽といった周辺産業にもプラスの影響を与える。さらにはブロードウェイ・ブランドのコンテンツをアウトバウンドし、二次利用することもできる。観劇のチケット収入のみでなく、世界的なブランドを軸にして多角的に産業展開していくというモデルである。

アムステルダムのダンスミュージックのブランド戦略

アムステルダムも、ダンスミュージックを通じて同じようなブランド戦略を成功させている。アムステルダムでは、5日間で世界中から40万人近くを集客する「アムステルダム・ダンスイベント」（通称：ADE）と呼ばれるダンスミュージック・フェスティバルを毎年開催している。450以上のイベントが115カ所以上の会場で行われ、2千組以上のアーティストが出演する。イベント自体の収益だけでなく、周辺産業への影響も大きく、期間中はホテルの値段は高騰し、どこのレストランも大盛況である。期間中は、世界中から音楽関係者が集まり、ビジネスミーティングやカンファレンスも開催される。エレクトロニックミュージックの祭典であるとともに、ビジネスミーティングの場にもなっている。

その意味ではMICEのイメージに近いかもしれない。MICEとは、Meeting（会議・研修・セミナー）、Incentive tour（報奨・招待旅行）、Convention または Conference（大会・学会・国際会議）、Exhibition（展示会）の頭文字をとった造語である。国内外から多くの参加者が集まるだけでなく、視察や体験を伴うために一般の観光旅行に比べ消費額も大きく、また関連業界や学会のキーパーソンが集うことで開催都市を中心に国際ネットワークを構築することができる。その結果、ビジネス・イノベーション機会を創出し、開催都市の国際競争力を強化できる。MICEの誘致に力を入れる国や地域も多く、日本においても観光庁等が中心となって推進している。

2018年、私は、アムステルダム市からの招待で、ADE関連イベントとして開催された、ナイトタイムエコノミー関係のラウンドテーブル・ミーティングに参加した。官民問わず、世界中からキーパーソンが参加しているこのラウンドテーブルでは、ダンスミュージック産業に関するビジネスの最前線が議論され、ADEは数々のビジネスが動く極めて重要な場となっている。

そして、このような場をつくりだしているアムステルダム市は、ダンスミュージック業界で大きな存在感を示している。DJの年収ランキングではアムステルダムのDJが上位に名を連ねる。数十億円から数億円単位で稼いでいるDJも多くお

2018年アムステルダム・ダンスイベントで開かれたナイトタイムエコノミーのラウンドテーブル・ミーティングに参加したメンバー
© VibeLab

り、インフルエンサーになり世界中にアムステルダムのダンスミュージックを広めている。こうしてブランド力を高めたダンスミュージックは、アムステルダムに多くの観光客を呼び込み消費を活性化している。

日本のクールジャパン政策とはやり方は異なるが、自国文化を海外展開し、コンテンツ産業や観光産業推進に結びつけるという意味で、目指している機能としては同じであろう。音楽とテクノロジーの祭典であるスペイン・バルセロナの「ソナー」、アメリカ・オースティンの「サウス・バイ・サウスウエスト」（ＳＸＳＷ）も同様の成功例と言える。

5 海外の夜間交通の実態

ナイトタイムエコノミーを推進していくにあたって、大きな課題になるのが夜間交通であろう。日本では始発と終電によって基本的には活動時間が定義されてしまう。ナイトタイムエコノミー推進にあたっては、公共交通機関の時間延長、さらには多様な交通手段の確保といった議論は避けて通れない。ナイトタイムエコノミー議連でもアジェンダとして取り上げられ、また後述する観光庁の夜間の観光資源活性化に関する協議会（６章参照）でも具体的な施策が議論されているが、ここでは当協議会で調査したロンドン、シドニー、ニューヨークの事例を紹介したい。

ロンドンの地下鉄ナイト・チューブ

ロンドンでは、バスは古くから24時間運行しており、夜間の足として広く使われている。概ね20分から30分間隔、ロンドン始発の夜間バス17路線が運行している。

２０００年以降、地下鉄の夜間（22時以降）乗客数の増加率が終日運転の平均値より2倍以上、夜間バスも同様に１７０％の増加となっており、夜間バスのみでは夜間交通のニーズに対応できない状況になりつつあった。特に金曜と土曜の夜の輸送需要が最も高く、２０１６年8月、ロンドン市は金曜と土曜の地下鉄のうち5路線を対象に終日運行（ナイト・チューブ）を開始した。

ロンドン市は夜間交通の拡充による経済効果を調査しており、２０１６年には地下鉄の乗車人数７８００万人、夜間経済に与える効果としてＧＶＡ（粗付加価値）１億７１００万ユーロ（約２２２億円）、雇用創出３６１６人増加という成果を、さらに２０１７年には乗車人数８７００万人、ＧＶＡ（粗付加価値）1億9千万ユーロ（約２４７億円）、雇用創出３９０９人という成果を上げた。これは２０１４年の導入前に試算した推計値を大きく上回る。ナイト・チューブの成功を受け、２０１７年12月より地上鉄道のうち需要の高い主要路線を対象に金曜、土曜の夜間運行を開始。２０１８年2月に北に延びる区間まで延伸した。

ロンドン交通局は、地下鉄の夜間運行の導入に先立ち、特に懸念される騒音や防犯対策については、必要なステークホルダーとの協議を通じて事前にトラブルを防止する対策を講じた。騒音対策については、騒音の影響を受けやすい住民、企業等25万人を対象に騒音対策のサポートの必要性について確認を行った。そして、安全保持のために必要なドア開閉用チャイムや列車のホイッスルを控え、発車アナウンスの音量にも配慮するなどして駅内の騒音を削減することにした。騒音や振動の苦情処理プロセスを整備し、問題箇所への対応を優先するようにした。具体的には騒音に関するすべての苦情を記録し24時間以内に確認し、10営業日以内に回答するしくみを整備したり、苦情を申し立てた住民宅で騒音を計測してデータと照合し騒音対策が必要なエリアを特定するなどである。

防犯対策については、交通警察とロンドン警視庁が駅やその周辺での犯罪や反社会的行動パターンに関するデータ分析に基づき警備計画を策定した。ナイト・チューブで報告された犯罪件数は日中に比べて少ないが、酔客による問題行動や、泥酔者に対する窃盗被害が特に多いため、注意喚起のキャンペーンなども実施された。

また、ナイト・チューブを運行する人員はパートタイムの運転手や駅員を労働組合協定に沿って確保した。そして、夜間バスとの連携も行い、夜間に運行する地下鉄の駅と住宅街への接続を考慮し、夜間バスの新しいルートの設置や地下鉄と重複する夜間ルートの削減も行われた。

ニューヨークの地下鉄

ニューヨークでは、バスと地下鉄が24時間運行を行っている。

バスは、マンハッタン、クイーンズ、ブルックリン、ブロンクス地区で深夜バスを運行している。運行頻度は概ね20分から60分間隔である。

地下鉄は1904年の開通以来、夜間運行を実施しており、全25路線のうち20路線が終夜運行し、日中とほぼ変わらないエリアをカバーしている。ニューヨークの地下鉄は複々線であるため、深夜は本数を減らし、使用しない路線は保守作業をすることが可能である。

しかし、地下鉄全体の老朽化が進んでおり、遅延や故障が常態化しているため、ニューヨーク州都市交通局がシステム再編計画を提案しており、24時間運行の廃止が検討されているところである。

シドニーのナイトライド・バス

シドニーでは、深夜12時から4時30分まで、電車は運行されていない。夜間の列車内の犯罪事故に対する懸念、列車のメンテナンス時間の確保、運営コスト負担がその理由である。その代わりに、終電後は、電車とほぼ同じ路線をバス（ナイトライド・バス）が走っており、電車の代替輸送手段となっている。運行は60分間隔であり、移動の所用時間も電車に比べて長い。電車に比べて利便性は下がり、多くの不満もあるようであるが、住民や夜間従業員の帰宅のための最低限の交通手段は確保されている。

また、路面電車は中心部の一部区間で24時間運行されている。バスに比べて高頻度な運転間隔で運行しており、今後、延伸工事によりさらなる利便性の向上が期待されている。

6　都市の文化度を測る新しい物差し

ナイトタイムエコノミー政策は、観光消費増加を主眼とした経済政策であり、政策の効果を経済的に測定し検証していくことが重要となる。

この点、日本において夜間に限った経済効果を算定した実績はないが、ロンドンでは夜間の経済規模は約3・9兆円で、ニューヨークでは約3・2兆円とされ、またいずれの都市も多くの雇用を生んでいる。

算定の仕方は都市によって異なるが、大まかに言うと、企業数、雇用者数、事業売上、粗付加価値（GVA）額を「収入」とし、警察や消防、公共交通等の各種公共サービスにかかるコストを差し引いて算出する。対象業種はかなり広く、ロンドンの場合、飲食産業やエンターテインメント産業が中心であるが、エンターテインメント産業には、ナイトクラブや映画館等に加え、スポーツジムや美術館等の文化施設も対象になっているのが興味深い。日本においても、海外諸都市の例を参考に算出の仕方について検討されているところである。

もちろん、経済効果の増加のみに寄ったナイトタイムエコノミー政策は避けなければならない。効率化された収益性重視の全国チェーンの居酒屋のみが増えても日本の夜は魅力的にはならない。

個性的で実験性に富んだ小さなミュージックバーの重要性は、ダンス議連やナイトタイムエコノミー議連でも繰り返し説明してきた。経済規模は極めて小さくてもさまざまな文化を生みだす小箱の存在を無視することがあってはならない。ナイトタイムエコノミー政策の基本コンセプトはダイバーシティである。

しかしながら、小箱のような場の価値を可視化することは難しい。そのコミュニティに属している人にとっては言わずもがなであろうが、コミュニティの外側にいる人々、とりわけ政治・行政に対して、いかにその場が持つ価値を示していけばいいのか。

この点で参考になるのが、アムステルダムの元ナイトメイヤーのミリク・ミランさんとベルリンのクラブ・コミッションのルッツ・ライシェンリングさんを中心に実施されている「クリエイティブ・フットプリント」というプロジェクトである。

これは、都市のミュージックベニュー（ライブハウス、ミュージックカフェ・バー、ナイトクラブ等）を中心としたクリエイティブスペースをデータベース化し、それらを調査・測定・分析することで、当該都市の文化的・経済的ポテンシャルを可視化し、成長を促すための政策課題を検討する試みである。２０１７年にベルリンで始まり、２０１８年にはニューヨークで実施された。

ポイントは、ミュージックベニューの価値を評価するのではなく、ミュージックベニューがその都市や文化にどのような影響を与えているのか、あるいはその都市の成長にとってどのような

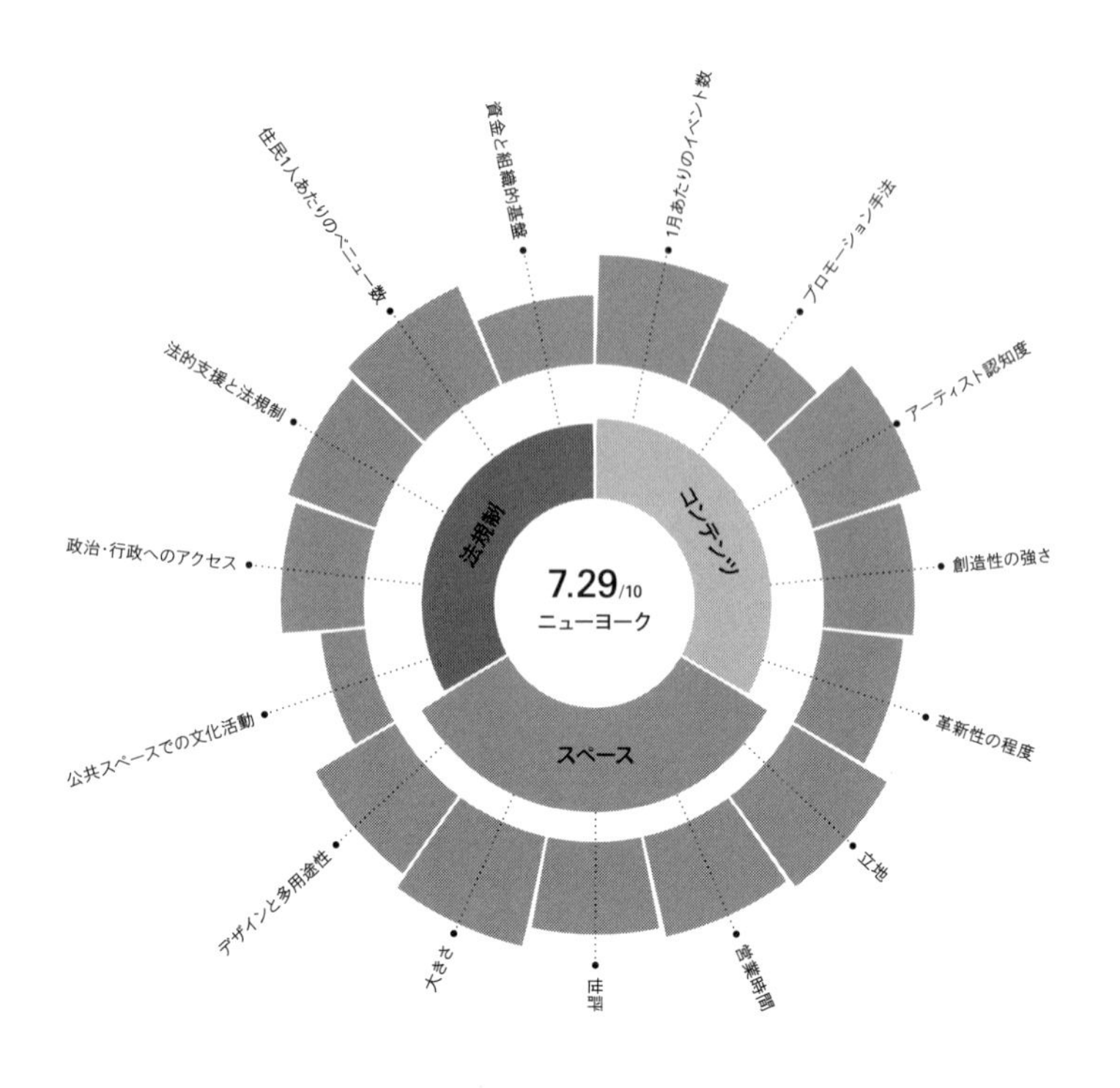

	ニューヨーク市（493会場）	ブルックリン（171会場）	マンハッタン（260会場）	ブロンクス（37会場）	クイーンズ（19会場）	スタテンアイランド（6会場）
スペーススコア	8.59	8.61	8.62	8.48	8.40	8.23
コンテンツスコア	6.92	7.44	6.60	6.99	6.77	5.82
法規制スコア	6.35	6.21	6.63	5.11	5.11	5.11
全　体	7.29	7.42	7.28	6.86	6.76	6.39

ニューヨークのミュージックベニューのクリエイティブ・フットプリント
（出典：VibeLabの資料を元に作図）

ポテンシャルを有しているのかを評価する点である。

ミュージックベニューは音楽を媒介にしてクリエイティブ人材を集め、コミュニティを活性化し、文化的インキュベーション装置として機能する。ショー・エンターテインメント、写真、IT、観光など周辺産業への波及効果も大きく、その集積はユニークで模倣困難なエンターテインメント産業を生みだす基礎となる。

ミュージックベニューは、エコシステム全体の中で都市文化に対してさまざまな価値を提供する。その価値を、ベニュー単体での規模や賃料、月次での集客や売上げのみで測ることは困難である。そのためクリエイティブ・フットプリントは、独自のマトリックスを使い、またローカルクリエイターのネットワークを活用して多角的にその価値を調査しようとするものである。

評価項目は、スペース、コンテンツ、法規制（フレームワーク）の三つからなる。スペースは、立地や大きさ、デザインなどから構成されるが、一等地にあるから、あるいは大きな施設であるからといって必ずしもプラスになるわけではない。コンテンツは、商業性や収益性、知名度だけではなく、実験性や創造性も重視される。法規制は、規制内容だけではなく、政策決定者とのコミュニケーションの容易さも重視される。他にもかなり細かなチェック項目があり、実際に店舗に訪れてさまざまな角度から調査を行う。最終的には、スペース、コンテンツ、法規制それぞれの点数で評価され、その合計でその都市の文化度が示される。たとえば、いくらコンテンツやスペースが素晴らしくても、法規制が厳しすぎればその評価は低くなってしまう。

さまざまな都市で大規模開発が進められ、容積率一杯に似たような形状の高層ビルが街を覆っていくなか、ナイトメイヤー・サミットでもセクシーかどうか、ミステリアスかどうか、という視点で都市の魅力が議論されていたように、経済的な側面だけではなく、都市の価値を測る物差しが複数必要である。クリエイティブ・フットプリントが唯一の解ではないが、このような取り組みは今後より一層重要になっていくであろう。

6章　社会に実装する——観光政策の本丸へ

1　ナイトタイムエコノミー政策から観光政策への接続

観光資源活性化というリフレーミング

4章で述べた通り、2017年4月のナイトタイムエコノミー議連発足後、さまざまな議論を重ね、政策提言に至った。しかしながら、もっとも重要なのは、これらの議論や提言を実際に政策として実施し、成果をあげていくことである。

そして実施していくためには実施主体が必要となる。政策の実施、推進のしくみづくりに向けた検討は、ナイトタイムエコノミー議連での議論と並行し、同年10月頃より観光庁と一緒に進めてきた。観光庁による「『楽しい国 日本』の実現に向けた観光資源活性化に関する検討会議」（以下、楽しい国検討会議）における議論がそれである。

安倍内閣総理大臣を議長、菅内閣官房長官を副議長とする「明日の日本を支える観光ビジョン構想会議」において定められた目標訪日外国人旅行消費額は、2020年までに8兆円である。この目標を達成するためには、「モノ」消費から「コト」消費に移行している訪日外国人の旅行需要を踏まえて、体験型観光の消費を促していくことが必要となる。

このような政府目標と問題意識を受け、観光庁では観光戦略実行推進タスクフォースで体験型観光推進プロジェクトとして楽しい国検討会議を発足させた。同会議では、新たな観光資源の開拓、外国人向けコンテンツの充実、受け入れ環境整備、対外発信の強化等について課題を洗いだし、官民が取り組むべき具体策の検討を行うが、その中に夜間観光も含まれている。

ナイトタイムエコノミーに関するこれまでの流れを俯瞰すると、ダンス議連の問題提起によって風営法改正が警察庁の規制緩和アジェンダに載り、ナイトタイムエコノミー議連による政策提言によってナイトタイムエコノミーが観光庁の観光資源活性化アジェンダに載ったことになる。

ではなぜ観光庁がナイトタイムエコノミーに着目し、観光政策のアジェンダに入ったのか。ナイトタイムエコノミー議連発足時に、クラブ保護やダンス推進から、夜間経済推進に政策論点のリフレーミングを行った。夜間経済推進の中身としては、コンテンツ、都市開発に加え、観光も含めた。できるだけ多くの政策分野を掲げることで、引っかかるフックを多く設けたかったからである。ナイトタイムエコノミーがクールジャパン政策の一環として政策化されるかもしれないし、オリンピックに向けて進む都市開発に関連して政策化されるかもしれない。観光分野でのモノ消費からコト消費への消費トレンドのシフト、そしてインバウンド観光客の増加傾向との親和性も高く、観光政策として取り上げられるかもしれない。このような狙いを持って議連の設立趣意書にすべてを盛り込み、第1回会合でもこれら関連政策との連携を強調した。

また、ナイトタイムエコノミー議連には幅広い関係省庁や民間の有識者にも参加してもらい、そのなかには観光庁や日本政府観光局、日本観光振興協会に加え、インバウンドの最前線で活躍するタイムアウト東京の伏谷さんにも名を連ねてもらった。

実際に、ナイトタイムエコノミー議連での議論の中で、もっとも盛り上がったのが観光文脈での議論であった。各省庁がナイトタイムエコノミー議連で行ったプレゼン内容を私は慎重に聞いていた。ナイトタイムエコノミー政策との親和性を検討し、また実施していくにあたって各省庁の積極性を吟味するためである。

観光庁のプレゼン内容は、ナイトタイムエコノミー議連での問題意識と完全に一致する。夜間は体験型観光の源泉であるし、実際に欧米諸国は夜間を中心にさまざまな体験型の観光資源開発で成果を出している。日本の新しい観光政策は、体験型観光へのシフトチェンジ、従来のゴールデンルートにとどまらない多様な観光地開発を切実に求めている。この観光政策のアップデートに対して、ナイトタイムエコノミーはコミットできるに違いない。インバウンド観光の急激な伸びも、ナイトタイムエコノミー政策実施のための強力なエンジンとなる。ナイトタイムエコノミーと観光アップデートの議論はシナジーを生みだす可能性を秘めているのである。

そして、2017年8月、ナイトタイムエコノミー議連事務局長の秋元議員が国土交通副大臣に就任し、観光行政を担当することになった。ナイトタイムエコノミーが観光庁の観光資源開発政策のアジェンダとなり、政策実施に向けた窓が開かれたのである。

訪日外国人数は増えたが、観光消費額は減った

楽しい国検討会議での議論は以下のようなものである。多くはナイトタイムエコノミー議連で

すでに議論していたテーマであり、それらを観光という側面から整理するものであった。

訪日外国人旅行消費額の政府目標値は、２０２０年までに８兆円とされているが、２０１７年時点で４兆４１６１億円、２０１８年時点で４兆５０６４億円にすぎない。訪日外国人旅行者数は２０１７年時点で２８６９万人、２０１８年時点で３１１９万人と大幅な増加傾向が続いているが、１人あたりの消費額は２０１７年15万３９２１円、２０１８年15万２５９４円と減少傾向である。８兆円に到達させるためにテコ入れすべきはどこであろうか。

２０１７年の訪日外国人数２８６９万人は前年比19・3％増、２０１８年も８・７％増であり、ここ数年は凄まじい勢いで伸びていることがわかる。反面、一部では訪日外国人の増加により、地域の公共交通や公衆トイレ等の地域インフラへの負担、混雑や渋滞、ゴミの増加、景観の損失などの弊害が出ている。いわゆる受け入れキャパシティを超える観光客が来ることによるオーバーツーリズム問題である。観光客の増加は、観光地の住民の生活環境にとっては大きなコストになってしまう。訪日外国人数を伸ばすための政策的テコ入れの必要性は低く、まだ人数の増加のみに力を入れると問題も生じてくる。

他方、１人あたりの消費額15万２５９４円は前年比で０・９％減である。つまり人数は増えているがお金を使ってくれる人は減っている、という状況にあることがわかる。このデータから、テコ入れすべきは消費額であることは一目瞭然である。

では、旅行消費額を伸ばすためにはどうすべきか。ＯＥＣＤによる「Tourism Trends and

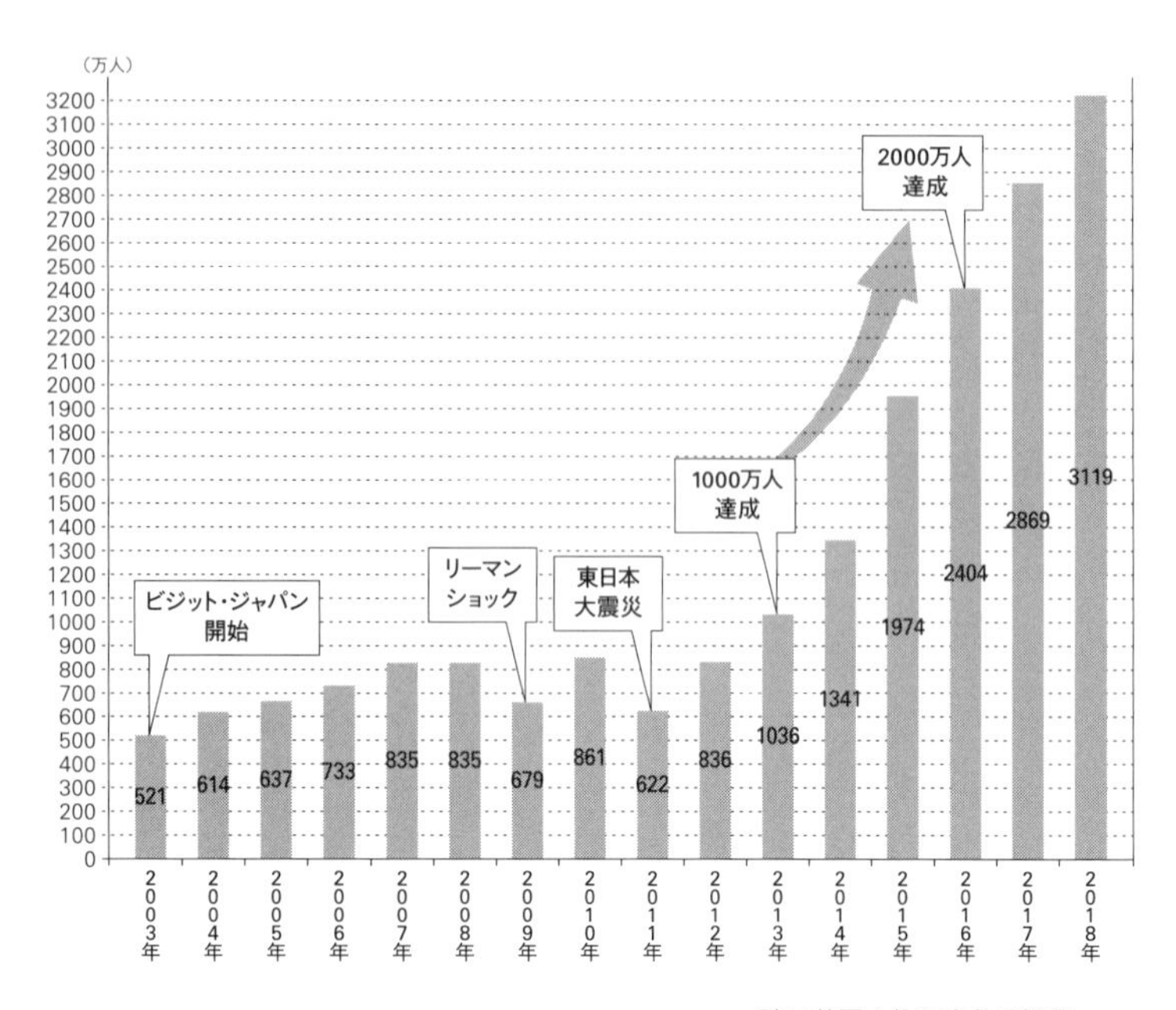

訪日外国人旅行者数の推移
（出典：日本政府観光局の資料を元に作図）

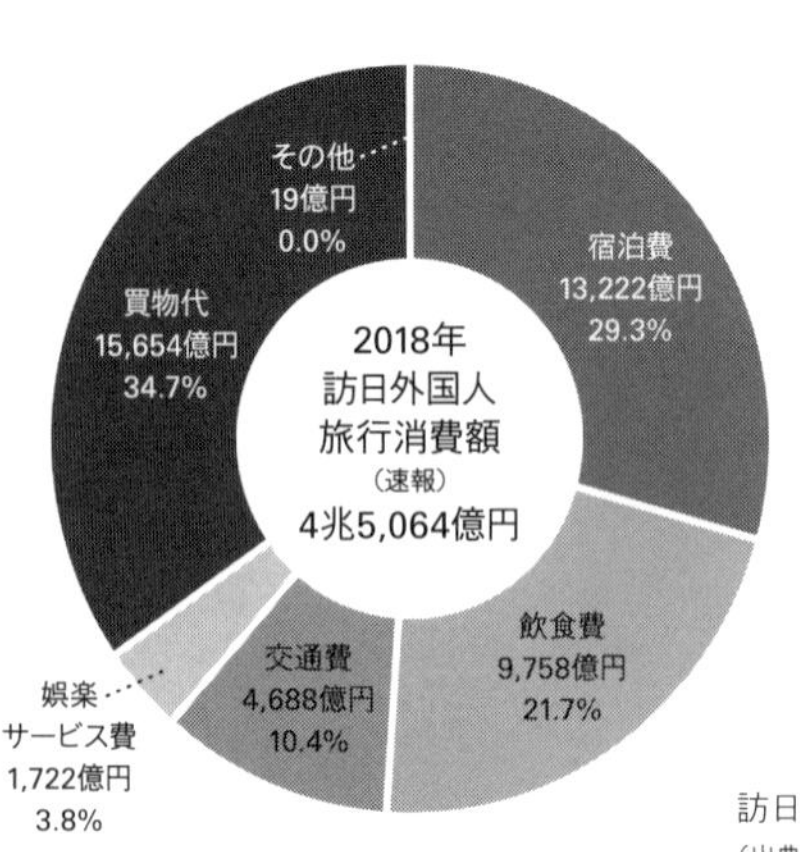

訪日外国人旅行消費額（2018年）
（出典：観光庁「訪日外国人消費動向調査」を元に作図）

(円／人)　(泊)

国籍・地域		訪日外国人1人あたり旅行支出								平均泊数
		総額								
			前年比	宿泊費	飲食費	交通費	娯楽サービス費	買物代	その他	
一般客	全国籍・地域	152,594	−0.9%	45,822	33,664	16,209	5,952	50,880	67	9.1
	韓国	77,559	+8.0%	24,888	19,837	7,660	3,833	21,292	49	4.3
	台湾	128,069	+1.8%	35,882	28,164	13,794	4,963	45,236	31	6.8
	香港	154,460	+0.9%	45,651	36,743	16,711	5,025	50,294	36	6.3
	中国	223,640	−2.9%	47,932	39,854	16,868	7,968	110,923	95	9.7
	タイ	124,300	−1.8%	36,880	27,807	15,104	4,379	40,006	124	8.9
	シンガポール	171,093	+4.1%	62,409	41,551	19,852	5,902	41,261	64	8.3
	マレーシア	137,618	+1.4%	44,858	30,435	16,351	6,450	39,522	3	10.1
	インドネシア	141,467	+9.3%	48,111	29,170	20,962	5,593	37,613	17	12.1
	フィリピン	121,765	+7.1%	31,567	30,187	14,371	6,036	39,336	268	25.2
	ベトナム	189,427	+3.4%	56,062	44,039	18,975	5,873	64,237	241	38.6
	インド	161,351	+2.5%	75,362	34,067	21,865	3,734	26,323	0	18.8
	イギリス	219,725	+2.0%	100,009	55,771	32,983	8,278	22,649	34	13.8
	ドイツ	191,783	+5.3%	84,397	47,592	28,503	5,962	25,242	87	13.9
	フランス	215,733	+1.5%	85,594	56,901	33,415	7,348	32,434	41	18.4
	イタリア	224,268	+17.1%	88,116	58,119	39,306	7,579	30,863	286	15.2
	スペイン	236,996	+11.5%	92,527	61,910	42,164	7,598	32,797	0	14.2
	ロシア	188,530	−5.4%	61,970	43,228	21,745	8,055	53,389	143	16.7
	アメリカ	191,352	+5.1%	82,192	50,573	27,282	7,844	23,427	34	13.5
	カナダ	184,134	+2.6%	75,220	47,743	27,717	8,250	25,060	143	12.3
	オーストラリア	242,050	+7.2%	99,084	58,815	35,046	16,128	32,742	236	13.3
	その他	198,291	−6.8%	83,769	48,152	29,280	6,330	30,746	14	16.0

訪日外国人１人あたりの旅行消費額（2018年）（出典：観光庁「訪日外国人消費動向調査」を元に作図）

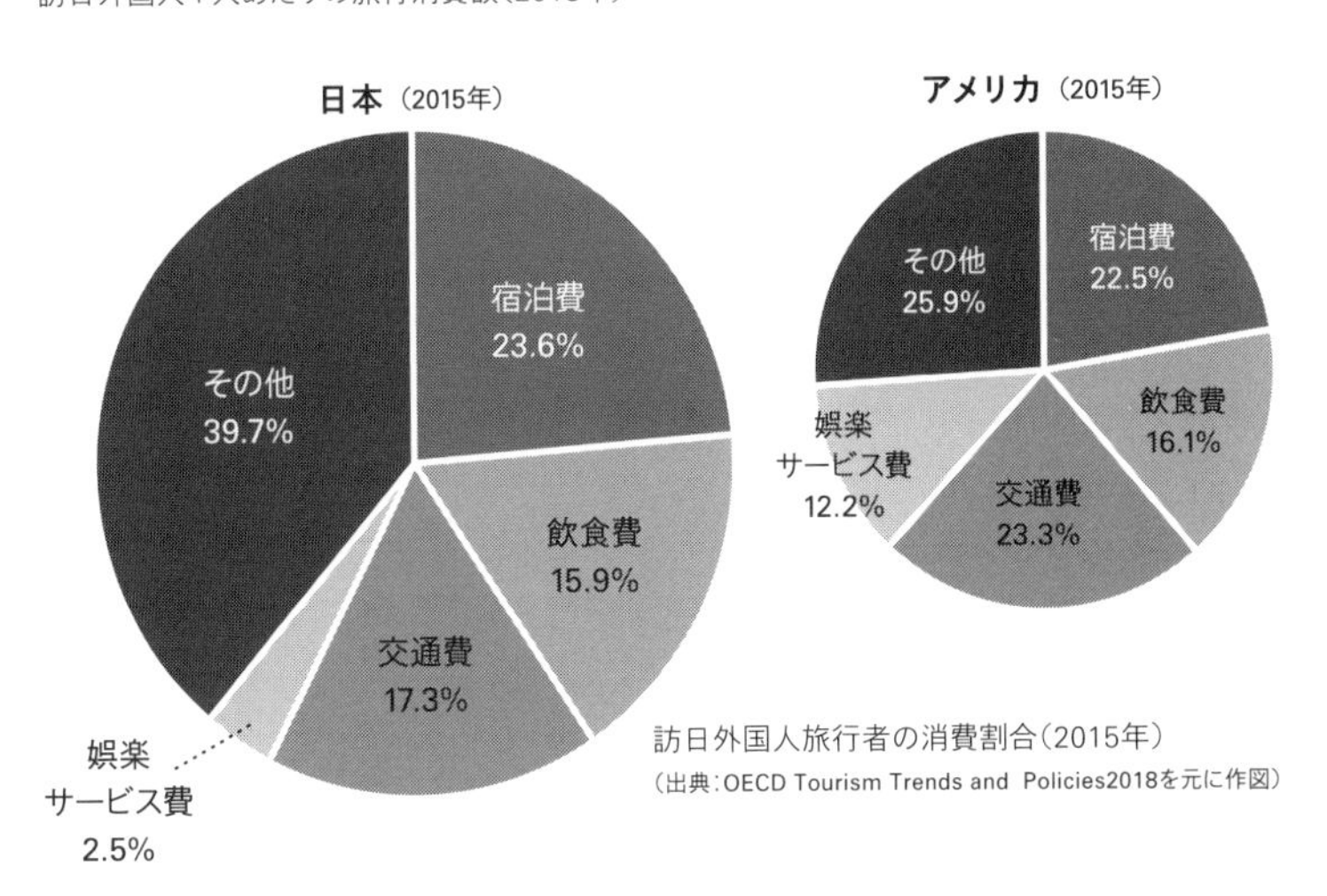

訪日外国人旅行者の消費割合（2015年）
（出典：OECD Tourism Trends and Policies2018を元に作図）

Policies 2018」に基づき、支出項目ごとの割合をアメリカ、カナダ、フランス、オーストラリアと比較してみると、日本は、宿泊、飲食、交通の割合についてはいずれの国とも大差ない。異なるのが「娯楽サービス」の割合である。アメリカの12・2％、フランスの11・1％、カナダの10・9％に対して、日本はわずか2・5％にとどまる（2015年）。消費金額で見ると、最も高いオーストラリアが1万6790円、続いてアメリカが1万6720円である。この基準で日本における1人あたりの娯楽サービス相当額を算出すると4220円となり、最も金額が高いオーストラリアの約4分の1しかない状況にある（2015年）。

以上のデータから見えてくるのは、日本における娯楽サービス費のポテンシャルである。1人あたりの娯楽サービス費相当額については、OECD加盟国の中で最も高いオーストラリアやアメリカと同等の水準まで引き上げることができれば、日本における娯楽サービス費は2万円程度となる。訪日外国人旅行者数4千万人を前提とすると、訪日外国人旅行消費額において8千億円が娯楽サービス費による支出ということとなる。これにより、他の宿泊、飲食等の消費にも波及効果が生じる。その結果、個人消費額が20万円となれば4千万人の訪日外国人が訪れることで8兆円の目標達成が現実のものとなる。

2 体験型観光資源の活性化

体験型観光の課題と政策提言

このような問題意識から、ナイトタイムエコノミー議連での政策提言も踏まえ、楽しい国検討会議において、「体験型観光資源の活性化」について議論された。

楽しい国検討会議の有識者は、デービッド・アトキンソンさん（株式会社小西美術工藝社代表取締役社長）、原田静織さん（株式会社ランドリーム代表取締役兼ＷＩＬＬＥＲ株式会社取締役）、山田拓さん（株式会社美ら地球代表取締役）、そして伏谷博之さん（タイムアウト東京株式会社代表取締役）である。

２０１７年10月から２０１８年2月にかけて計6回にわたる会合を開催し、体験型観光に関する検討を幅広く行い、３月に政策提言が取りまとめられた。提言は、①地域の観光資源を活用した体験型コンテンツの定番化、②新たな体験型コンテンツを観光資源として掘り起こす取り組み、③体験型観光の充実を支える取り組みの三つが大きな柱となっている。

①は地域固有の自然資源、日本固有の生活文化、祭りや温泉等の観光資源化、②はナイトタイムやモーニングタイムの活用、美容サービス、観戦型スポーツ、ビーチ活用、③はチケット購入の容易化、ＶＲ／ＡＲ等の最新技術の活用等を内容とする。

楽しい国検討会議の提言では、さまざまな観光資源が取り上げられ、多角的なアプローチで観光資源化が提言された。ナイトタイムエコノミーもその一つであるが、推進のための課題は他のテーマと共通する点が多い。共通点は提言の総論としてまとめられている。

総論は、⑴マーケティング視点の必要性、⑵コンテンツ造成と価格設定、⑶流通と広告、⑷人材確保と経営基盤の確立、⑸目指すべき目標、に整理されている。これら総論に掲げられた問題意識はナイトタイムエコノミー議連で議論されたものもあるが、不足している視点を補う議論も多くあった。私もほぼ毎回出席した会議の内容は多岐にわたるため、以下では、ナイトタイムエコノミー議連ではあまり出なかった話題について簡単にまとめたい。

体験型コンテンツの造成と価格設定

コンテンツ開発や場の活用はナイトタイムエコノミー議連でも多く議論されたが、楽しい国検討会議では、外国人目線でのキュレーション、さらには適正な価格設定について活発な議論がなされた。

地域固有の観光資源の魅力を発見するのは外国人であることが多い。地域にとっては当たり前のことでも、外国人にはユニークで非日常的な体験であり、そこに行かないと得られない大きな価値がある。そのためユニークな体験型コンテンツを造成するには、外国人の目線が重要であるが、日本ではそのような取り組みはまだ進んでいない。日本人が勝手に妄想する押し売りコンテンツでは外国人には刺さらない。他方で、我々が目にとめることすらない渋谷のスクランブル交差点や新宿歌舞伎町のネオンは外国人には圧倒的に人気の観光スポットになっている。あまりに日常的すぎて、日本人ではこのような場所を観光資源として発見することはできないであろう。
日本には、神社仏閣、城郭、庭園、自然等、他の国にはない特別な観光の「場・資源」が存在する。その「場・資源」に、宿泊、飲食、音楽、アート等の「機能・コンテンツ」を掛けあわせることで、旅行者にとってその場所でしかできないユニークな体験となり、他の地域との差別化につなげることができる。その際、その歴史的、文化的、地域的な背景やストーリーを旅行者にわかりやすく提示することが効果的である。

さらに、旅行者の満足度を計測するなどして検証を行い継続的に改善していくことで、より満足度を上げることも重要である。訪日外国人旅行者のニーズに合わせて安定的かつ継続してサービスが提供できるよう運営することが必要不可欠である。旅行者に長く滞在してもらい、消費単価を向上させるような魅力的なコンテンツ造成も進んでいない。

また、価格設定については、日本は諸外国と比較して施設の入場料やアクティビティ等の単価が全体的に安く、満足度が相当程度高い施設や体験であっても、無料の場合すらある。価格設定について日本人の感覚と外国人の感覚はずれていると思った方がいい。日本人は知らず知らずのうちに安く値づけをしてしまっている。5章で紹介したイビサのエンターテインメント・レストラン「ハート・イビサ」の客単価は最低3万円、席によっては5万円以上となるが、イビサに行ったらまず行くべき場所として認知されている。もちろん住民が普段使いするレストランや遊ぶ場所は別にある。外国人観光客にどのように満足してもらうか、あくまで観光コンテンツとして徹底してつくりこまれている。グローバルマーケットを見据えながら、提供するサービスに見合った適切な単価設定を行うことが必要である。

この点については、ナイトタイムエコノミー議連のボードメンバーでもあるA.T.カーニーの梅澤さんのプレゼンが非常に示唆に富んでいた。梅澤さんが楽しい国検討会議で強調したのは、①ユニークベニュー、②富裕層対応、③外国人材活用についてである。ここで示された三つの論点は、ナイトタイムエコノミー議連では十分に議論されていなかったが、いずれも重要な論点である。

梅澤さんは、まず海外のユニークベニューの例として、元軍事要塞で連邦刑務所を観光地活用しているアメリカのアルカトラズ島、15世紀末の修道院を改装したスペインのホテル、19世紀のガスタンクを改装したウィーンの複合商業施設などを紹介し、日本でもたとえば世界最大級の地下放水路である首都圏外郭放水路、かつて海底炭鉱で栄えた長崎県の軍艦島、明治時代から太平洋戦争時まで砲台、防備衛所として使われラピュタの島として話題にもなった和歌山県の友ヶ島なども、ユニークベニューを活用した潜在的観光資源になりうる場所として紹介した。

さまざまな「場・資源」にどういう「機能・コンテンツ」を掛けあわせるかが体験型コンテンツ作成の肝である。インスタ映えする意外な組み合わせにすること、収益性を高めるために継続運営できるコンテンツにすること、交通や宿泊などと連動させることも梅澤さんは強調した。必要なのは、歴史的文化財は、囲って守るのではなく、優れたキュレーション・センスやビジネス・スキルで活用することである。

また、梅澤さんは、富裕層市場が求める観光体験トレンドとして、自然、歴史、アート、食、健康、マインドフルネスなどを紹介した。これらも日本ならではの体験を提供できる可能性があるが、加えて富裕層が満足できる快適で上質なサービスも求められる。

さらに梅澤さんは、かねてから国家戦略特区を活用したインバウンド対応のための外国人材の受け入れについて政策提言を行っている。楽しい国検討会議の場でも外国人材の必要性について強調したが、もちろん、働き手不足に対応する労働力としての人材確保という話ではない。インバウンド観光は無数のニッチセグメント（顧客層×コンテンツ×地域）の集合体であり、多くの外国人材の力を借りて、初めて掘り起こせる市場である。グローバル目線で観光資源の発掘、編集、マーケティングができ、パートナーの開拓ができるような観光プロデューサーや、外国人富裕層をもてなす際に必要となる料理人やフロアマネージャー、コンシェルジュ、専門ガイド（歴史、文化）、インストラクター（スキー）も圧倒的に足りていないと主張した。外国人を巻き込むことで、グローバル目線で日本の付加価値を高めていくべきである。

プロモーションやチケッティング

旅行者がそれぞれの旅のスタイルに合わせて適切なタイミングで必要な情報にアクセスでき、スムーズに購入できるしくみが整っていることが旅行の満足度を高め、消費を促すことにつながる。日本の観光を支える流通システムやプロモーションは、これまで主に国内市場を対象としてきたため、訪日外国人を対象とした多言語対応、決済システム等の点で大きく遅れているのが現状である。

現状の課題点については、有識者からも多くの厳しい指摘がなされた。

・事業者にとって、造成された商品をどのように販売するのかという視点は非常に重要であるにもかかわらず、ほとんど検討されていない。個人旅行＝ウェブという単純な話ではなく、商品をどう流通に載せて増やしていくかという検討が必要である。

・旅前の予約は、どんどん直前に近づく傾向がある。インターネットでの当日予約を可能とする取り組みが重要である。

・コンビニ発券等、これまで国内の利用者向けに整備されてきたしくみを訪日外国人がアクセスしやすい方法に変える必要がある。

・クレジットカード決済対応が遅れているのは課題の一つだが、モバイル決済が急速に普及するなか、世界の最新のトレンドを見据える必要がある。

・海外の人は、日本に体験型コンテンツがあることや楽しいナイトエンターテインメントかがあるという認識をほとんど持っておらず、期待もしていない。

・日本の空港には芸術やエンターテインメントを楽しめる国に来たという演出がない。

こうした指摘を受け、今後進むべき方向性として、造成した体験型コンテンツをターゲットとなる訪日外国人旅行者による購入につなげるためには、その旅行者が活用するサイトや国内外の旅行会社等を通じ、旅前・旅中の旅行者に対して、情報提供から予約、決済までスムーズに行われることが必要である。コンビニ発券等の流通のしくみや紙によるプロモーションから、スマートフォンによる電子決済を前提とした流通システムや、外国人旅行者が旅中で立ち寄る観光案内所等でのチケット販売、多言語化されたモバイル対応での情報発信等へ早急に移行すべきである。その際、観光トレンドやICTは変化のスピードが極めて速いため、常に海外の最新情報を収集し、数年後の世界標準を意識して必要な施策を検討するべきである。

また、「楽しい国日本」の魅力を発信するため、日本政府観光局が「Enjoy my Japan グローバルキャンペーン」を実施しているが、実際に日本に到着した外国人旅行者がその印象を抱く仕掛けも必要であり、多くの外国人旅行者が利用する空港や鉄道駅等の交通結節拠点において、日本の体験型コンテンツの「楽しさ」を強く印象づける発信を行うことも重要である。

労働力の確保

労働力の確保も、ナイトタイムエコノミー政策の課題として挙げられる。夜間に限らず労働人口は減少しており、2018年の有効求人倍率は年平均で1・61倍である。5年連続で企業の求人数が求職者数を上回る「1倍」を超え、かつてないほどの人出不足状態である。全体としてこのような状況なのであるから、夜間帯の労働力確保はなお一層困難を極め、雇用拡大に向けた法規制の整備や緩和が求められる。

この点で検討されているのが、外国人材の受け入れである。2018年12月、改正出入国管理法（入管法）が可決成立し、2019年4月から一定分野の産業において外国人の就労が新たに認められることになった。人手不足が深刻な外食産業も対象産業に含まれている。

今回認められた就労資格には、滞在期間が5年に限定され、家族の帯同が認められていない「特定技能1号」と、期間更新が可能で家族の帯同が認められる「特定技能2号」の2パターンがある。外食産業は「特定技能1号」のみ認められている。

これまで外食産業における外国人雇用は、いわゆる資格外活動として週28時間の範囲のアルバイトでのみ可能だったのが、この度の特定技能制度によってフルタイムでの雇用が可能になる。新規雇用以外でも、資格外活動で働いているアルバイトの留学生を、卒業後に特定技能1号としてフルタイム雇用に切り替えることも可能になり、人手不足に悩む外食産業にとって極めて重要な法改正と言えよう。

外食産業における受け入れ人数は、向こう5年間で最大5万3千人とされている。政策としては、外国人材によりすべての人手不足を賄おうとするものではなく、生産性向上や国内人材の確保に関する政策を実施し、それでもなお不足すると見込まれる人数について外国人材で対応するものと位置づけられている。

受け入れ対象となる人材基準、対象業種等の具体的な内容は、「外食業分野における特定技能の在留資格に係る制度の運用に関する方針」の運用要領で定められており、対象となる人材は、飲食物調理、接客、店舗管理である。外食店舗内での仕事全般で就労が可能となっている。

当初、対象業種として風営法対象業種である特定遊興飲食店（ナイトエンターテインメント店舗）、深夜酒類提供飲食店（バー、居酒屋）が対象外になる懸念があった。そのため、特定遊興飲食店や深夜酒類提供飲食店は風俗営業ではなく飲食業にカテゴライズされておりインバウンドニーズの高い重要な産業であることを農林水産省および法務省に説明し、結果として、深夜の外食産業の外国人材も除外されず、２０１８年12月25日に閣議決定された。

3 政策の実現に向けて

夜間観光資源の活性化事業

こうして２０１８年3月に取りまとめられた楽しい国検討会議の政策提言に基づき、同年4月、観光庁に「最先端観光コンテンツインキュベーター事業」が立ち上げられた。事業実施主体として「地域活性化に向けた観光コンテンツ拡充推進会議」が発足し、その分科会という位置づけで、同年11月にナイトタイムエコノミー政策を実施していく「夜間の観光資源活性化に関する協議会」（以下、夜間観光協議会）が併せて発足した。夜間観光協議会の民間委員は、A.T.カーニーの梅澤さん、タイムアウト東京の伏谷さん、フード&エンターテインメント協会の平澤さん、森ビルの河野さん、日本音楽制作者連盟の浅川真次さん、株式会社シルバーバックス・プリンシパルの日野洋一さんである。

夜間観光協議会は、「訪日外国人旅行者の日本滞在中のナイトライフの満足度向上と夜間帯の消費額増加を目指すため、諸外国では観光客滞在中に消費を誘発できているものの、国内ではこれまで観光の観点で有効活用が図れてこなかった夜間の活用促進に関し、夜間帯の経済規模を推計する手法、深夜帯の交通アクセス、ナイトライフ充実に向けた各種課題に関しての対応策等の検討を行う」ことを目的とする。

主な検討事項は以下の三つである。

（1）ナイトタイムエコノミー推進に必要な七つの要素の課題を国内外の調査から整理し、課題解決の方向性を検討する。七つの要素には、ナイトタイムエコノミー議連で政策提言された、①コンテンツの拡充、②場の整備、③交通アクセス、④安心安全の確保、⑤プロモーション、⑥推進のしくみ、そして新たに⑦労働が付け加えられた。

（2）ナイトタイムエコノミー促進のためのモデル事業について、消費、誘客効果等やビジネスモデル化に向けた検証を実施する。

（3）海外のナイトタイムエコノミーにおける統計データ算出方法の事例から、日本での統計データ算出方法を検討する。

観光庁と観光庁から事務局業務を受けたデロイトトーマツコンサルティング合同会社がこれらに関する調査業務を実施している。私は、アドバイザーという立場でこの調査業務に関わっているが、（1）と（3）についてはナイトメイヤーのグローバル・ネットワークの協力を得ながら、海外リサーチを進めている。それらの一部は5章にまとめている。

（2）については、初年度に中央区銀座エリア、豊島区大塚エリア、長崎エリア、島根県石見エリアで計4件のモデル事業が実施された。本書執筆時点では、モデル事業の結果について整理されている状況にはない。

これらモデル事業を実施することで観光消費の増加にどの程度コミットしたのか。コミットできたのであれば、それはそのまま他地域でも汎用可能なマニュアルにすべきである。コミットできなかったのであれば、その原因を特定して解決していかなければならない。不足していたのは、多言語対応なのか、プロモーションなのか、コンテンツのクオリティなのか、場所の面白さなのか、交通の利便性なのか、プロジェクト実施期間なのか。机上の議論ではなく、実際にやってみて感じたリアルな課題感は今度の事業や政策推進にとって極めて重要な材料になるはずである。

ナイトタイムエコノミーのニーズは地域ごとに異なるため、観光庁がいくら議論してもリアリティのある施策はつくれない。地域での実践が必要になる。たとえば、多くの国際会議を誘致している自治体であれば、会議に訪れる参加者が会議後も滞在してくれ、その地域でアフターカンファレンスを楽しんでくれれば宿泊や飲食等での大きな波及効果が期待できる。また、昼間に多くの観光客を誘致している地域が近隣にあれば、ナイトタイムエコノミーを推進することで、夜間にその観光客を呼び込むことができるかもしれない。あるいは、日中に多くの観光客が訪れすぎてしまい地域住民の生活に迷惑をかけている状況があれば、観光施設を夜間に開場し、観光客を夜間に分散させるという意味でナイトタイムエコノミーが重要になってくるかもしれない。それぞれの地域が持つ課題を解決し、可能性を伸ばしていくために夜間をいかに活用していくのか。地域ごとの戦略立案とそのためのアクションが重要となる。

プレイヤーの連携を構築するしくみ

個人的にモデル事業のもっとも大きな意義は民間企業と自治体との関係構築であると考えている。政策を実施するのは、民間企業や自治体である。政策議論がいくら充実していても、民間企業や自治体を巻き込めていなければ絵に描いた餅にすぎない。問題意識を共有し、国が政策として実現しようとしていることを、民間の創意工夫で実現しようとするプレイヤーの関与が不可欠である。

しかし、政策を実施するにあたって民間企業や自治体の関係を構築することは意外に難しい。関係構築を難しくしている要因は何であろうか。

まずは、行政側の民間業界に対する情報不足がある。行政側に政策の対象としている業界を知るための努力や工夫が求められる。把握しておくべき情報は、当該業界の経済規模や雇用者数等の数値だけではない。いかなるプレイヤーがいかなるビジネスを行い、どのような業界構造にあり、エコシステムが働いているのか。できる限り民間に近い目線で、かつ客観的で俯瞰したマッピングが必要である。

また、民間企業側のマインドセットの変革も重要である。求められるのは、自身で新しい産業を創出し、業界をリードしていく気概。そして、そのために法規制や政策動向について情報を収拾し、民間側からルールメイキングへも戦略的に関与する。こうした事業戦略は、最近、戦略法務として注目されている（7章参照）。この戦略法務の観点から、行政との関係構築は極めて重要となってくる。

そして、官民の橋渡しをするしくみや座組みがないことも、関係構築の障壁になっている。5章で紹介したナイトメイヤーが担っているのが、この官民をつなぐ役回りである。事実、アムステルダムのナイトメイヤーは、官民を連携させてさまざまなプロジェクトを成功させている。民間から課題を抽出し、政策アジェンダに載せ、政策として解決していく。そのような政策立案プロセスに加え、政策の実施段階にあたっても官民の橋渡しをするナイトメイヤーの存在は大きい。

アムステルダムの元ナイトメイヤー、ミリク・ミランさんは、「Us」と「Them」という言葉をよく使う。民間と政治・行政、つまり「Us」と「Them」の間をつなぐのがナイトメイヤーであるが、行政が上から目線で民間にアプローチをしてもうまくいかない。現場のシーンをつくっているのはローカルのミュージシャンやアーティストのクリエイティビティである。彼ら彼女ら抜きで夜間活用政策の話をしてもただの机上の空論になる。

インバウンド観光やクールジャパンといった国策として文化を語るとき、ローカルシーンから冷ややかに見られたり反感を買うことがある。政策を議論し、実践していくうえで、この現場視点を忘れてはうまく機能しない。常に「Us」の立場に立ち、政策決定者等の「Them」と話をすべきであるというのがミリクさんの主張であり、まったく同感である。法改正や政策立案といったルールメイキングはあくまで手段にすぎない。主役は、そのルールを使う人たち、つまり「Us」なのである。

7章　ルールを戦略的にデザインする——法律家をアップデート

1　ルールを変えると未来の風景が変わる

変わり始めた日本の夜の風景

　クラブやライブハウスの一斉摘発の嵐が吹き荒れたのが２０１０年。その後、風営法は改正され、現在ではナイトタイムエコノミーが観光政策の大きな柱となり、夜の風景は徐々に変わりつつある。

　音楽を楽しむ場は多様化し、これまで参入困難だった大企業が東京の一等地に大型クラブをオープンさせている。また建設ラッシュが続くホテルのラウンジにＤＪブースが設置されることも普通のことになった。大手不動産デベロッパーの大規模開発計画には必ずと言っていいほどナイトクラブやミュージックラウンジといった夜間活用のプランが組み込まれている。数万人規模のダンスミュージック・フェスティバルも開催されるようになった。世界中のトップＤＪが出演し、日本を代表する大企業が主催・協賛する。

　場が多様化するということは、音楽を楽しむ人たちが多様化することを意味する。気軽に立ち寄れるカジュアルな場が増え、これまでクラブのコアユーザーではなかった層もＤＪによる音楽を日常的に楽しむようになっている。このような風景を見て、かつての風俗営業を想起する人たちは皆無であろう。

法的な課題が残っているものの、草の根で音楽文化を育んできたミュージックベニューの多くは健在である。このような風営法改正後の状況の変化を、漂泊された商業主義や消費産業に堕ちたとネガティブには捉えていない。メインカルチャーが大きくなればなるほど、サブカルチャーはタフになる。アンダーグラウンドシーンやDIYミュージックシーンはそう簡単に商業主義に駆逐されてしまうほど貧弱ではない。

ローカルのミュージックベニューでプレイする日本人DJのレベルは総じて高く、音の質もよく、世界最高水準の音響設備を誇る店舗も多くある。音楽好きの外国人観光客が多く訪れるようになり、ハイクオリティな音楽を媒介にして国際的な交流が日々生まれている。海外でプレイをする日本人DJも増えており、海外のコアな音楽ファンによって日本の音楽は再評価されている。もちろん、夜の風景を彩るのは音楽だけではない。都内各所にある横丁やのれん街は連日外国人観光客で溢れかえり、味わい深い小さな店舗で肩を寄せあいながら会話を楽しんでいる。リラックスさせる場の雰囲気が手伝い、多少言葉が通じなくても外国人観光客はあっという間に地元の常連客に溶け込む。観光客向けにつくられたわざとらしいおもてなしはいらない。私たちの日常生活それ自体が、観光客にとっては、そこにしかないユニークで魅力的な観光体験なのだ。

地方都市の夜も変わりつつある。観光庁の最先端観光コンテンツインキュベーター事業に選ばれた長崎市伊王島にある「アイランドナガサキ」は、豊かな自然の中にホテルやレストラン、温泉が整備されているリゾート施設である。目玉は、カナダのデジタルアート集団「モーメント・

ファクトリー」が手がける「アイランドルミナ」である。

森の中の道を歩いて進みながら、最先端技術の光と映像のデジタルアートがつくる幻想の世界を冒険するアトラクションである。巨大な焚き火が照らす入口の先は、何かが潜んでいそうな深淵な暗闇が支配する夜の森である。木々の匂い、冷んやりとした空気、舗装されておらず傾斜が厳しい山道。普段立ち入ることがなかなかない夜の森という場所に冒険心をそそられるが、そこに音と映像によるさまざまな演出が加えられることでなんとも言えない不思議な体験ができる。

皆に同じ未来が用意されていた時代

ルールを変えることで未来の風景は変わる。今まさに、風営法改正を通じてそのことを実感しているが、これは風営法や夜間活用だけに限らない。さまざまな分野のルールメイキングをめぐり、法律家に新しい役割が求められていることを強く感じる。

かつては皆が同じ未来の風景を見ていた。敷かれているレールから外れなければ皆が豊かな風景に辿り着けた。少し前までは目標とすべき豊かさは明確であった。一流企業への就職。順調な出世。マイホームにマイカー。幸せな家庭。年に一度の海外旅行。そのような既定のレールから外れないように法律を守らせるのが、法律家に求められた役割だったのかもしれない。

従来は、終身雇用制度によって労働者は会社に一生を捧げ、他方で会社から一生面倒をみてもらえた。労働者は労働法により徹底的に保護されている。副業や起業はできないが、一方的に解雇されることもない。定年までの就業が保証され安定した所得が得られることで住宅ローンを組み、マイホームを建て家族を養う。そして定年後の生活は長年勤めたことで得られる高額の退職金と年金が支えてくれる。非常に精巧に設計された社会システムが、右肩上がりの高度経済成長を強力に下支えした。人口は増え、それに伴い消費も拡大し続ける時代。工業製品を中心として規格品を素早く大量につくることが求められた時代の社会システムである。

家族法も同じ立てつけである。妻は結婚によって夫の家に入り、家庭内で夫を支え、他方で夫からの扶養や相続を受ける。妻は夫から一方的に離婚されることはなく、離婚はその後の生活を支えることができる多額の賠償金と引き換えになる。妻は、自身で会社に勤めなくても、終身雇用が保証されている夫の収入によって、安定した生活を確保し、夫も安心して仕事に専念することができる。そしてこのような夫婦関係にある男女から生まれた子どもは嫡出子として、そうでない子ども（非嫡出子）と比べて、父親からの扶養、相続という点で保護された立場に置かれる。戸籍を中心とした家族関係を選択する強力なインセンティブとなり、これに適合しない家族関係はマイノリティとして扱われ、母子家庭は保護の対象となる。そこに家族関係の多様性という発想はない。労働法と家族法が両輪になり、高度経済成長を支えてきた。

そして、高度経済成長を支えるという観点から見ると、不合理に見える風営法規制の存在理由にも合点がいく。風営法は、夜12時以降の飲食店での遊興やダンスを禁止していた。このような経済システムを安定的に駆動させるために、夜は寝て、昼に働くというライフスタイルが重要になる。同じ時間に出勤して全員一斉に仕事をする。そのためには享楽を煽る接待やダンス、射幸心を煽る賭博や遊技は厳しく管理しなければならない。深夜の遊興は必要悪であり、目をつぶってあげているだけで、文化となりうるものではないし、産業としても大きくなりすぎてはいけない。深夜の遊興を個人の自己責任に委ねるわけにはいかない。なぜなら、個人を守るというよりも、経済システムを駆動させるための法規制なのであるから。画一的な社会システムにとって多様なライフスタイルは邪魔でしかないのである。

多様な人が自ら未来をつくっていく時代

高度経済成長はすでに終焉を迎え、終身雇用制度も崩壊して久しい。さまざまな前提が失われ、約束された未来はもう存在しない。しかしながら、日本の未来は真っ暗であるとネガティブに捉える必要はまったくない。むしろ、皆が夢見た憧れの未来はそんなに大切なものだったのだろうか。生涯勤められる安定した職場、マイカーやマイホームよりよほど大切なものがあるのではないか。

やりたい仕事をし、大事な人と一緒に自分たちだけのライフスタイルをつくっていく。私たちは今、そのように自分たちで生活を選択し、主導できる時代に生きている。安定はしているが画一的な生活や幸せを強制される時代よりも、実は圧倒的に豊かではないのか。

男女関係の多様化は著しい。今の時代、男女に限らずパートナーになるカップルは多い。性別は男女という二択で割り切れるものでは決してない。レズビアン、ゲイ、バイセクシュアル、トランスジェンダー（ＬＧＢＴＱ）に代表されるように、性別には多様なグラデーションがある。女性として生まれたが、男性として生活し、知人男性から精子提供を受け、女性パートナーとの間に子どもを設けた友人の姿は、本当に幸せそうである。

親子関係もしかりである。保護者がいない子ども、虐待を受けている子どもが多くいる。また妊娠はしたもののさまざまな事情で子どもを諦めなければならない夫婦もいる。他方で子どもに恵まれない夫婦もおり、このアンバランスを解消するために養子縁組制度を中心に親子のあり方も多様になりつつある。あるいは立派なキャリアを築き妊娠適齢期を過ぎてからもさまざまな方法で子どもを育てることが可能になっている。そのようなライフスタイルは、これまでの仕事か家庭かという二者択一ではない選択肢をもたらしてくれる。

働き方の多様化、流動化もしかりである。転職を繰り返し、あるいは副業することで掛けあわせのシナジーを起こし、誰にも真似できないユニークな職能を築いている人材が活躍している。身体的あるいは精神的な理由で従来の就労コースに乗れない者はかつて障害者と定義され福祉の対象であった。しかし、障害ではなく一つのユニークな個性として評価され、多様な働き方を受容する社会になっている。

また職業は土地からも解放されつつある。都心と地方都市の複数拠点で働くことも珍しくない。オンラインでのコミュニケーションが用意になり、オフィスに出勤しなくてもできる仕事は増えている。自然豊かな地方都市で生活しながら大都市圏の会社と仕事をすることも十分可能である。

働き方の多様化は、事業者と消費者の区別をも相対化している。これまでサービスを受け取る立場だった消費者が、各種のシェアリングエコノミーの盛り上がりによってユニークなサービスを提供する事業者になりうる。

そして、法改正によって風俗営業ではなくなったナイトライフ産業は、観光産業のアップデートにコミットしている。観光は、定番の観光地を回るゴールデンルートの団体ツアーだけではなく、より個人の趣味趣向にカスタマイズされたパーソナルで多様な体験にシフトしている。観光に求められるのは、その場に行くことで得られる知的探究心を充足するインスピレーションであり、出会いである。そういう意味で、夜は昼間とは異なる価値を提供してくれる。

これらを一言でまとめると、産業構造は画一性から多様性にシフトしていると言える。垂直構造から水平構造と言ってもいいかもしれない。会社と労働者、男と女、事業者と消費者、都心と地方、昼と夜。従来の縦割りの垂直構造が解消されてフラットになり、それぞれの分野で多様なあり方が出てきている（この点については、規制改革推進会議第16回投資等ＷＧ「イノベーションと法」勉強会による提言（２０１８年2月27日）に詳しい）。

未来の風景が明確に用意されていた時代には見えなかった、誰にもまだ見えていない風景をつくりだせる時代が到来した。

2 法を事業成長のツールとして活用する

画一的な法規制から柔軟なリスク・マネジメントへ

産業が多様かつ複雑になればなるほど画一的な法規制はなじまない。画一的な法規制は、従来の産業の範疇に収まりきらないイノベーションを阻害してしまう。規定のレールから外れないよう、従来のルールを守らせるのが法律家の役回りだったと先に述べた。産業構造が大きく変化している以上、ルールを時代に合わせて変えていかなければならないのは、本書で何度も指摘している通りである。今法律家に求められているのは、誰も辿り着いたことがない場所に向かうための新しいレールを敷く手伝いをすることだ。

しかしながら、これは実は簡単なことではない。法で規制することは、垂直的で画一的な産業構造には馴染みやすいものの、多様になればなるほど困難になってくる。会社と従業員を峻別し労働法で従業員を保護する。昼と夜で遊興事業を峻別し深夜遊興を規制する。事業者と消費者を峻別し業法で消費者を保護する。そういった従来の法規制の立てつけを維持することはもはや困難である。これから向かうべき先は、法規制の適正な緩和であるが、規制緩和の本質を見誤ってはならない。

「目指すべきは規制緩和などではない。議論すべきは、適切な規制とは何かということである。

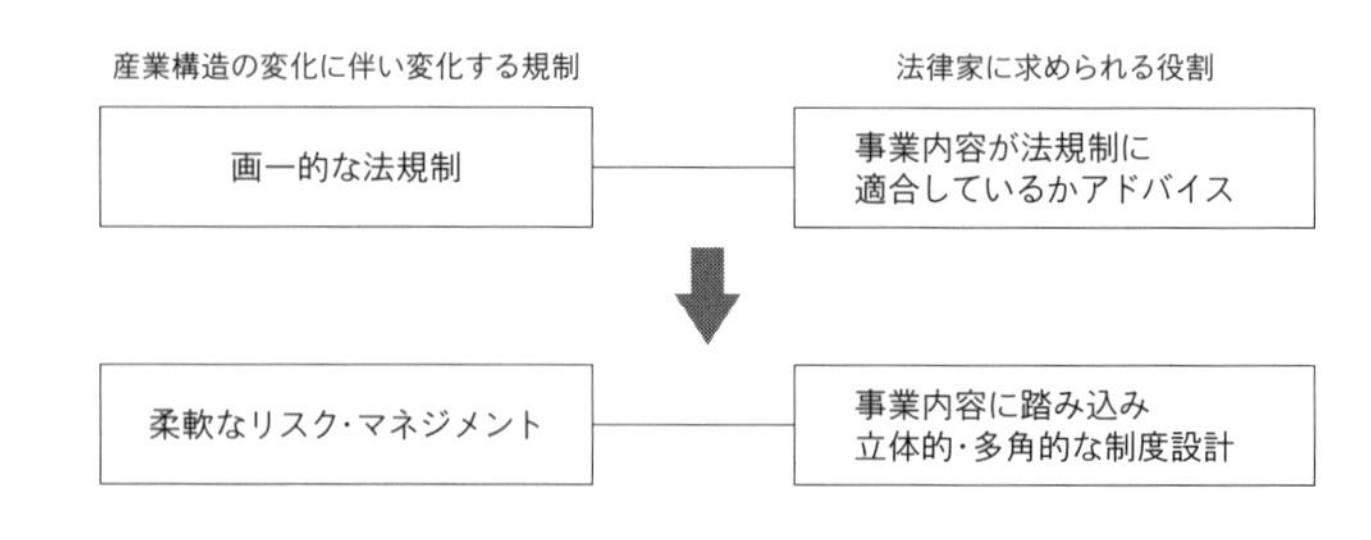

画一的な法規制から柔軟なリスク・マネジメントへ

規制なしで、機能する社会はありえない。問うべきなのは、どんな規制がよい規制なのかということである」。これは、法規制対応を専門にしている國峯孝祐弁護士から教えてもらった、ノーベル経済学賞を受賞したコロンビア大学教授ジョセフ・スティグリッツの言葉である。

「法規制緩和＝何をやってもいい」ではなく、「法規制緩和＝自分たちの責任でやる」ことを意味するということは前述した通りである。そして「自分たちの責任でやる」やり方は、創意工夫を凝らした柔軟な制度設計が可能である。

画一的な法規制からより柔軟なリスク・マネジメントへ。この局面では法律家に求められる役割も大きく変化する。法規制型においては、基本的には関連法規をリサーチして事業内容が法規制に適合しているかをアドバイスすれば足りる。法解釈に際して規制当局との折衝等が必要な場合はあるが、法律適合性の判断はある種の単純作業である。しかし、リスク・マネジメント型はより事業内容に踏み込んだ上で、立体的で多角的な制度設計が求められる。法律家の仕事は、よりアーキテクチャーやデザインの領域に近くなる。

信用をベースにした事業の制度設計

わかりやすい例として、「はじめに」で紹介したシェアリングエコノミーについて補足して説明する。内閣官房ＩＴ総合戦略室を事務局とするシェアリングエコノミー検討会議が、２０１６年11月に取りまとめた中間報告書によると、シェアリングエコノミーのポイントは、以下の三つとされている。

①消費者間のマッチングサービスであること
②遊休リソースの稼働を高めること
③コミュニケーションが新たな価値を創出すること

ルールメイキングにとって重要なのは①と③である。

まず①であるが、マッチングや取引はプラットフォーム上でなされる。事業者であるプラットフォーマーは、消費者より取引に関して多くの情報を持ち、資金力もある。プラットフォーマーは円滑な取引にとって重要な役割を果たし、取引の信用を担う立場にある。この観点から、取引秩序を保持するためにはプラットフォーマーの関与が重要になる。

次に③であるが、ビジネスライクだけではないコミュニケーションによる体験価値の創出にとって重要なのは、信用の可視化である。そのためは、ソーシャル機能や口コミ等のレーティング

機能が重要な役割を果たす

シェアリングサービスのような消費者間取引、すなわちCtoC取引で肝になるのは「信用」である。取引をしようとする者は、相手方の信用を測って取引をするか否かを判断するし、サービスや商品を提供する側からすれば、自己の信用を上げることでさらなる取引の機会を得ることができる。このように、信用はサービスや商品内容を向上させ、問題を起こさないための重要なインセンティブとして機能する。

そして、信用を可視化できるのはプラットフォーマーである。信用をベースとしたルール設計は法規制では困難であろう。法規制というレイヤーではなく、サービス内容や利用規約を中心にルール設計をするのがCtoC取引に馴染むと言える。

ここで一番やってはいけないことが、産業構造の転換というシェアリングエコノミーの本質を見ないまま、CtoCビジネスであるにもかかわらず、BtoC取引における事業者規制を課すことであろう。プロユースの業法規制を消費者に課しても、消費者がその重い手続きや規制事項を遵守することはできないし、違反行為があった場合に事業者を対象とするような重い行政処分を出すのも不相当である。業法規制は、消費者に対して圧倒的優位な立場にある事業者を規制して消費者を保護するものであるから、消費者間取引に馴染まないのは当然である。サービスの利便性を損なわせ、シェアリングエコノミーが持つ価値の実現を阻害してしまうだけであろう。あくまで検討しなければならないのは、CtoCサービスの本質を見据えたルールメイキングなのである。

臨床法務、予防法務から、戦略法務へ

このように多様な産業構造下においては、画一的な法規制から脱却し、サービス内容により踏み込んだリスク・マネジメントをしていくことが必要になる。これがいわゆる「戦略法務」の発想であり、企業家、法律家、そして関係省庁に求められる新しい法務スキルであると言われている。

一般的な弁護士が扱う法律業務は、大きく臨床法務と予防法務に分けられる。

臨床法務は紛争の解決に関する法務を言い、訴訟や示談交渉などが典型である。予防法務は文字通り紛争予防であり、契約書の作成やレビュー、コンプライアンス関連などがこれに含まれる。顕在化しているか否かの違いはあるものの、予防法務、臨床法務のいずれも〝紛争〟が前提となっている。多くの弁護士の仕事はこの領域である。私の事務所は現在12名の弁護士がいるが、全体の8割以上を予防法務、臨床法務を日々の業務としている。

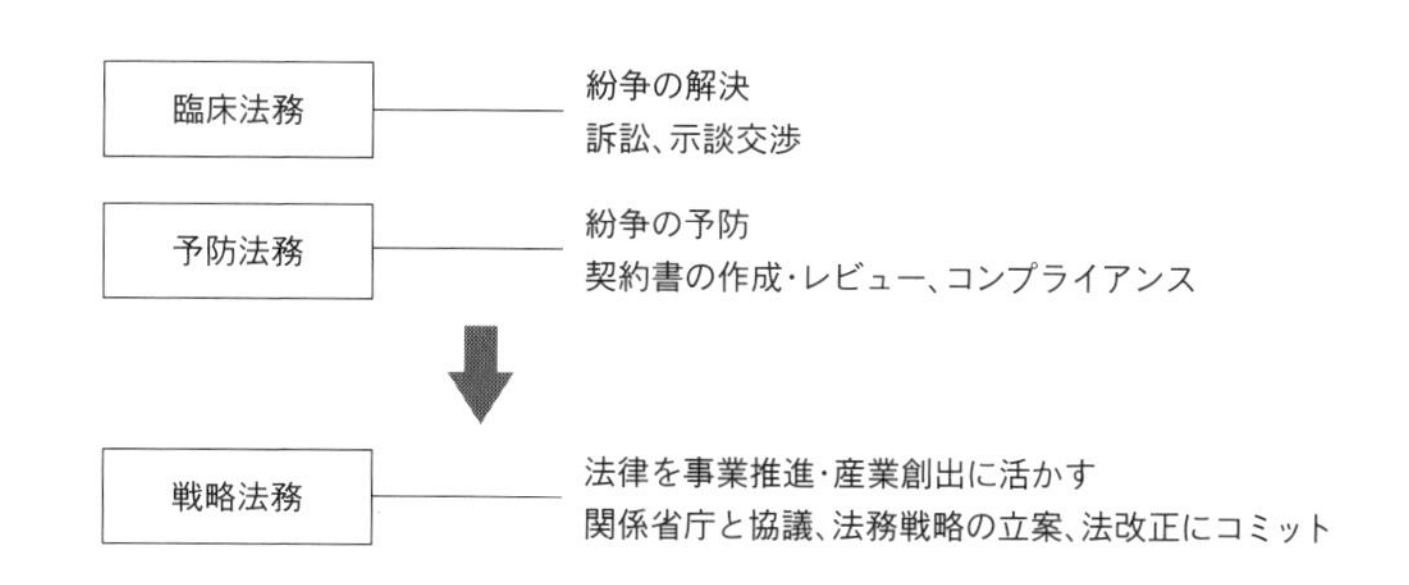

臨床法務、予防法務から、戦略法務へ

しかしながら、ここ最近はクライアントのニーズに大きな変化が見られるようになっている。事業者側からすると、法規制は事業に対するブレーキとして機能する。法的紛争を事前に回避するために、適正なブレーキ操作は必要であるが、行きすぎた法規制は事業に対する強い制約要因となる。とりわけ新規性のある事業に古い法規制はマッチしない。ニーズがあり、技術的にもビジネスモデル的にも実現可能だが、法規制がネックとなって事業化できない例は多い。テクノロジーや社会構造がかつてないスピードで変化し、フラットに多様化する現在、産業と法律の距離は広がっていくばかりである。

しかし裏を返すと、法規制対応はそのまま事業競争力に直結するとも言える。つまり法律を、紛争解決・予防ツールから、事業推進・産業創出のためのツールとして再定義するのだ。これが、戦略法務と言われる領域である。

法律家は、現存の法律を基準に、適法か否かで回答するのが通常である。白か黒かの二者択一であってグレーという回答はない。グレーの可能性があれば黒と回答する。しかしながら、戦略法務において法律家には、グレーゾーンを前提に、サービス内容に踏み込み、関係省庁と協議しながら、法務戦略を組み立て、場合によっては法改正にもコミットすることが求められている。

トライセクター・リーダーとしての法律家

ここで重要になってくるのが、法律家が事業者感覚をもってサービス内容を理解すること、そして監督省庁の感覚も同時に持ち、かつ社会に受け入れられる公益性に対する感覚を持つことである。民間・行政・社会の三つの垣根を超えるトライセクター視点である。

法律家は当該サービスを成功させようとする事業者の思いを最大限尊重するとともに、関係省庁が懸念する点も理解しなければならない。事業者の権利だけを強固に主張する闘争スタイルになることは法律家としてありがちであり、ときに必要なことであるが、それだけでは着地できず実現の可能性は低くなってしまう。そして官民の間をただ行き来するガキの使い、あるいは営利だけを追求するビジネスマンになってはならず、社会を納得させるだけの大義や公益性も合わせて持つ必要がある。

このようなマインドセットのもと、法律家は、事業者のサービス内容を正確に理解しつつ、事業者と一緒になって担当省庁と協議しながら法解釈を整理する。法解釈でクリアできなければ立法を促す。担当省庁が前向きでなければ議連等によって政治的な議論を行う。そして議連での政策提言によって再度担当省庁で検討してもらう。このようなプロセスを経るのが通常であろうが、これには業界からの要望や世論の支持、支持してくれる議員との関係構築などさまざまな準備や調整が必要になる。

このように考えると、ルールメイキングを含む戦略法務は法律家だけでできるものでは決してなく、企業と関係省庁、さらには政治との連携体制が必要となる。高度な専門職は先生商売のプライドが邪魔をしてしまい、外部とのコミュニケーションを怠りがちである。従来は必ずしも法律家が積極的に関わる領域ではなかったかもしれないが、今後産業のイノベーションにとってよりオープンマインドな活動が不可欠になってきている。

3　ルールメイキングのためのプラットフォーム

私にとって、このように多様な人たちと連携できる場は大きく二つある。一つは「G1サミット」、もう一つは「パブリック・ミーツ・イノベーション」である。

G1サミット

G1サミットとは、日本・世界を担うリーダーたちが学び、交流し、絆を深め、日本をよくする行動を起こすためのプラットフォームである。日本を代表する企業家、大臣を含む政治家、改革意識の強い官僚、地方自治体の首長、文化人や宗教家がメンバーとなっている。「批判より提案を」「思想より行動を」「リーダーとしての自覚を醸成する」という基本理念の通り、グロービス経営大学院の学長も務める代表の堀義人さんを中心に重要な政策形成に強いリーダーシップを発揮している。

年に1回開催されるG1サミットの全体会は3日間にわたる非常に濃密な合宿である。普段絶対に会えないような人たちと合宿会場で気軽に話ができる。ナイトタイムエコノミーを推進している福岡市の高島宗一郎市長、千葉市の熊谷俊人市長などはG1サミットで親しくなることができた。風営法改正で力になってくれたカフェ・カンパニーの楠本修二郎さん、A.T.カーニーの梅澤高明さんは共にG1サミットのコアメンバーであり、2人の働きかけでG1の政治家ネットワークも全面支援してくれた。

G1サミットに集まる個々のメンバーはそれぞれ政治・経済の第一人者であり大きな影響力を有しているが、分野が異なる人たちが集まることのシナジーこそがG1サミットの肝である。この点は、代表の堀さんがじゃんけんを例に説明してくれたのがわかりやすい。いくら強くグーを出しても絶対にパーには勝てない。パーに勝つためにはチョキしかない。グーしか持っていなければチョキを出せる人を連れてくればいい。そのネットワークがあるかどうかで勝負が決まるという話である。自分の強みと弱みを理解し、弱みをカバーしてくれる人との関係をつくっておく。そのためのプラットフォームがG1サミットなのである。

毎年、G1サミットに参加した前と後とでは、視座がまったく変わっていることに自分でも驚く。その視座をもとに、来年のG1サミットまでに何ができるのかを考え、実践する機会を与えてくれる貴重な場である。

パブリック・ミーツ・イノベーション

パブリック・ミーツ・イノベーション（以下、PMI）とは、G1サミットと同じく、パブリックセクター（官僚・政治家・弁護士・政策関係者等）とイノベーター（スタートアップやベンチャー経営者、テクノロジー技術者等）によるプラットフォームであるが、メンバーはミレニアル世代が中心であり、イノベーションに特化した政策提言や社会実装を目的としているのが特徴的である。

２０１８年10月に設立されたばかりの新しい団体であるが、シェアリングエコノミー分野での活躍が著しい代表の石山アンジュさんの強烈な巻き込み力のもと、イノベーティブなスタートアップ企業や官僚が30年後、50年後を見据えた最先端の議論を行っている。

定期的に開催されている研究会では、毎回テーマを決め、イノベーターがプレゼンし議論が行われるが、経済成長という視点でのプレゼンや議論はほとんどなく、社会課題の解決や本当の豊かさといった、ミレニアル世代特有の価値観に根ざしているのがフレッシュでよい。高度経済成長やバブルを経験しておらず、前提が失われた世代のリアルな感覚が反映されている。皆、情熱家であるが押しつけがましいプレッシャーはなく、エリートであるが音楽やアートの話も普通にできる。新しいタイプのリーダー・コミュニティがＰＭＩである。

小さなチャレンジから始める制度改革

こういったコミュニティベースでのプラットフォームに加え、適正なルールメイキングのための制度を構築することも重要である。最近は、経済産業省を中心に制度構築がなされ、活発な利用が始まっている。代表例が、プロジェクト型規制のサンドボックス、新事業特例制度である。

プロジェクト型規制のサンドボックスとは、ＡＩ、ＩｏＴ、ブロックチェーン等の革新的な技術の実用化の可能性を実証し、実証により得られたデータを用いて法規制の見直しにつなげようとする制度である。法規制が想定していなかった技術やビジネスモデルを活用したいが、法規制に抵触する可能性がある。そのため、法規制を緩和したいが、緩和に必要なデータが揃っていないため規制緩和ができない。

そのようなジレンマを脱するために、まずは一定の範囲で実証してデータを集め一定期間内に法規制を見直していく制度である。サンドボックスとは砂場である。まずは砂場の砂で自由に実験をし、形になりそうであれば砂でつくったものを固めていく。事業に関する法規制を見直すために、法規制に抵触する可能性があってもまずは実証をしてみることを認める制度である。

これに対して新事業特例制度とは、新しい事業活動を行おうとする事業者が、当該事業者単位で規制の特例措置の認定を受けることができる制度である。法規制の特例措置を受けることができるが、条件として、法規制が懸念する安全性等を別手段で確保することが必要となる。何らかの弊害が想定されるから法で規制される。その弊害を別の手段で手当てした上で、企業単位で小さく事業を適法化していく制度である。法改正は影響を及ぼす範囲が広範であるため手続きも重くなってしまう。企業単位で特例を認めることでスピード感をもって進めることが期待できる。

風営法改正の時点では、規制緩和のための会議体として規制改革会議が存在し、警察庁との折衝に大きな力を発揮してくれた。逆に言うと、規制改革会議しかなかった。複数のルートができたことで、さらに規制緩和が進むであろう。この制度の活用にあたっては、複数の弁護士がコンサルティング業務をスタートさせており、今後、弁護士の新しい機能を創出していくことになるかもしれない。

4 法律家をアップデートする視座

法律家はもっと幅広い形で活躍できると考えている。イノベーションは既存の何かの掛けあわせである。法律家の職能も他のスキルと掛けあわせることで、新しい職能にアップデートすることが可能である。

私が弁護士になる前、真剣にバンドで音楽活動に取り組んでいたことは前述した。心機一転弁護士になったものの、今度は風営法改正を通じて音楽と向きあうことになった。もっとも、関わり方はバンドマンだったときとは大きく異なる。法律家という視点を手に入れることで、風営法の問題を解決していくための戦略を考え実践していくことができた。

法律家と何かのバイリンガル人材はさらに活躍の場が広がっていくだろう。というより広げていかなければならない。産業の多様化とともにルールも多様化していくのであれば、弁護士も必然的に複眼思考を持つ多様な人材が求められていくのは当然のことであろう。

２０１７年2月22日発表の「平成28年賃金構造基本統計調査」（厚生労働省）によると、弁護士の平均年収は７５９万円であり、２０１３年から続いていた弁護士の平均年収１０００万円を切る事態となっている。現在いる3万9千人の弁護士が１０００万円の収入を維持するのに必要な市場規模は６５００億円ほどという試算があるが、市場を拡大するためには必然的に弁護士の職能を広げていく必要がある。

私は、２０１８年春、ニューヨーク在住のエンターテインメント弁護士と共同でニューヨーク市内に「Gradient（グラディエント）」という会社を設立した。グレディエントとは勾配という意味の数学用語であるが、日本語だとグラデーションという言葉の方が馴染みがあるかもしれない。昼と夜、あるいはそこから生まれる多様な価値観のグラデーションをイメージしてこの名前をつけた。

パートナー弁護士のタマユ・タカヤマは欧米のエンターテインメントビジネスの最前線で活躍する辣腕弁護士である。ブエノスアイレスで生まれ育ち、ロサンゼルスやニューヨークをベースに仕事をしてきた。日本にいた時期もあり、英語、スペイン語、日本語の3カ国語を操れる。世界中の音楽業界やタレント、インフルエンサーとのネットワークを有しており、エージェント業務やマネジメント業務、コンサルタント業務で多くの実績がある。日本でも10万人規模の大型ミュージック・フェスティバルのブッキングを担当している。

彼女と一緒にニューヨークに会社をつくった理由は、これからの日本のナイトライフ産業推進

Creating a Global Nightlife Network

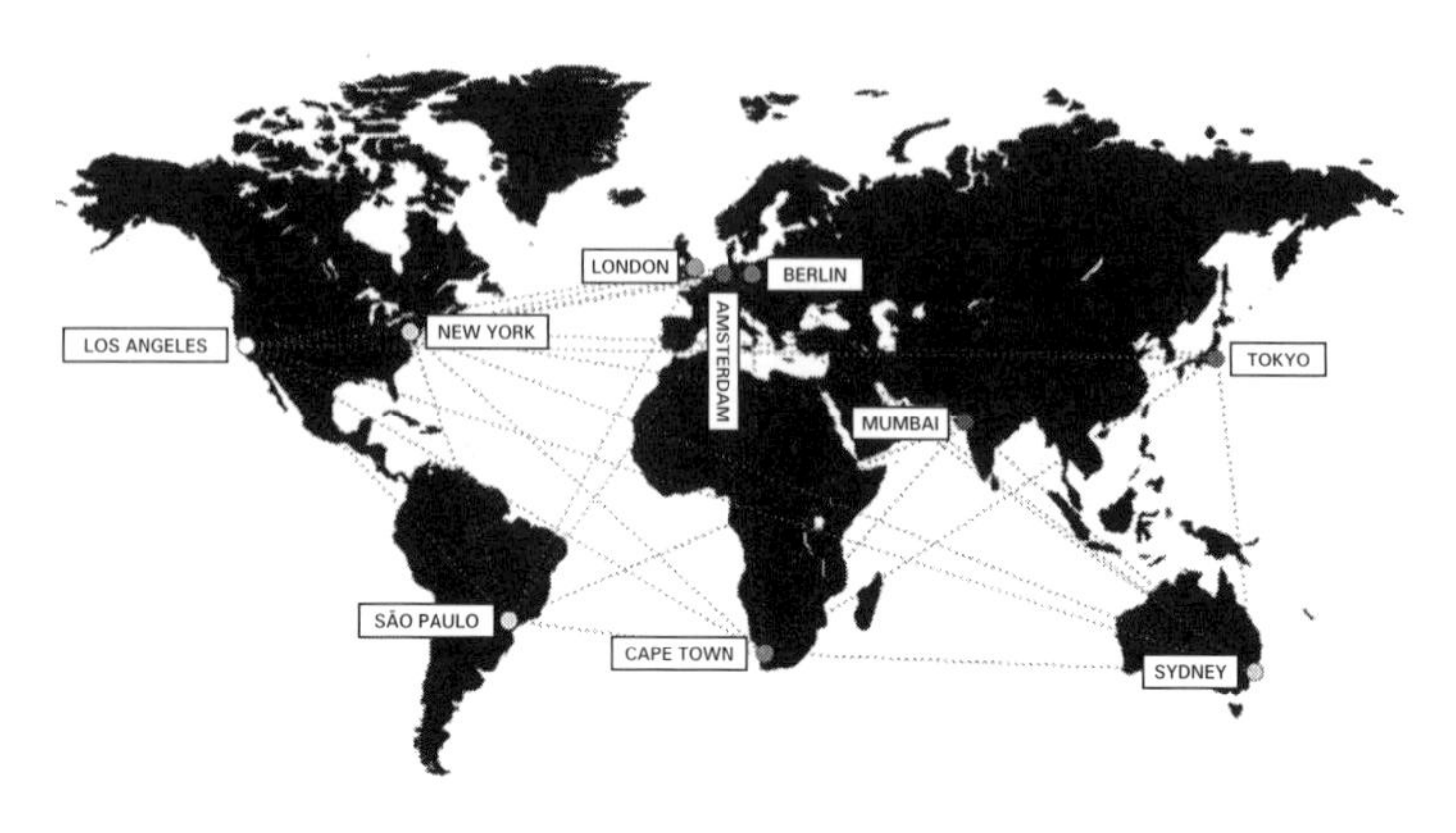

ミリク・ミランさんらが構築しているグローバルなナイトメイヤー・ネットワーク
© VibeLab

のためには、強力なグローバルネットワーク、さらにはビジネススキルが必要だと考えたからである。国や自治体、企業が夜間の活用を試みようとしているが、コンセプトやコンテンツ、さらにはオペレーションのすべての分野で手探りのところが多い。

また、風営法改正にあたってアムステルダムのナイトメイヤー・ネットワークとの関係を構築したが、今後日本でナイトタイムエコノミー政策を推進していくには、その連携をもっと強いものにしていく必要がある。アムステルダムの元ナイトメイヤー、ミリク・ミランさんはナイトメイヤーの任期が満了した後、ベルリンのクラブ・コミッションのルッツ・ライシェンリングさんと共同で会社を立ち上げ、世界中のナイトメイヤー・ネットワークを構築している。

日本もそのネットワークに入るべきだと思うが、日本からの具体的なアクションはほとんどない状況である。

このような状況で、日本のナイトタイムエコノミー政策やナイトライフ産業に対して、グローバル視点でのソリューションを提供することをミッションとしてつくったのがこの新会社である。音楽と法律の掛けあわせで取り組んだのが風営法改正だったとしたら、そこにビジネスとグローバルを掛けあわせることで、さらなるシナジーを生みだしていきたい。

日本の法律家からすると異例に見えるかもしれないが、発想はいたってシンプルである。現場のニーズや課題を摑み、そこから逆算して会社をつくったにすぎない。法律家にも社会課題を解決したい、あるいはクライアントをサポートしたいというマーケットイン思考があれば、自然とそのようなアクションになるはずである。これから政策面、ビジネス面双方から日本の夜を面白くしていくために、現在も複数のプロジェクトが進行している。

おわりに

風営法改正、そしてナイトタイムエコノミー政策の実現プロセスは、署名によって機運を盛り上げ、多くの共感を集め、多様なステークホルダーを巻き込んで進めてきたものであるが、このプロセスはありえないほど大変であった。もう一度風営法改正を最初からやることになったら、率直に言って相当悩む。当時は前代未聞のクラブ摘発の真っ只中であった。絶体絶命の危機的な状況だったからこそ火事場の馬鹿力が働き、法改正に向けて動けた。

この火事場の馬鹿力をいかに再現可能なものにしていくかが、本書執筆の一番の動機である。風営法は氷山の一角であろう。本来政策アジェンダに載せ、解決すべきであるにもかかわらず放置されている問題は他にもたくさんあるに違いない。

クライアントの主張を法的に構成し、裁判所に持ち込み解決していく。これはいわゆる通常の弁護士業務であるが、これと同様に、イノベーションを阻害している課題を法的に整理し、政治や行政の場に持ち込みルールをアップデートしていくことも弁護士の新しい役割なのではないか。風営法改正を通じて漠然と感じたこの感覚を、個人の経験の中に閉じずに言語化・概念化しようと試みたのが本書であるが、この言語化・概念化はすべて実際の活動に基づくものである。その意味で本書は、風営法改正、ナイトタイムエコノミー政策に関わった人々全員による成果物と言える。本来、関わった人々全員を本書で紹介すべきであるが、数百人に及ぶ関係者を紹介することは不可能であるため割愛せざるをえない。またＰＭＩ等での勉強会や、本書では紹介しきれなかったいくつかの勉強会でのディスカッション、特にマカイラ株式会社の工藤郁子さんからも本書を執筆するにあたって多くの示唆を得た。

ナイトタイムエコノミー政策は現在進行形で日々新たな動きがある。２０１９年４月以降、新体制で夜間観光事業を推し進めていくための準備をしている。観光庁での議論を、さまざまな自治体、そして民間事業に展開し実装していくための体制構築である。安易に海外のモデルを輸入するのではなく、日本にマッチする実効的なしくみをつくるべきである。重要なのは、誰か１人が中心に立つことではなく、多様なステークホルダーを巻き込むマルチステークホルダー・プロセスであるということは本書で強調している通りである。こうした観点から、国、自治体、民間企業が連携して政策目標を実現するための事業スキームの構築についても、新たなチャレンジをしていきたい。

２０１９年３月

齋藤貴弘

齋藤貴弘（さいとう・たかひろ）／弁護士。1976年東京都生まれ。学習院大学法学部卒業。2006年に弁護士登録の後、勤務弁護士を経て、2013年に独立。2016年にニューポート法律事務所を開設。個人や法人を対象とした日常的な法律相談や訴訟業務を取り扱うとともに、近年は、風営法改正を主導するほか、ナイトタイムエコノミー議員連盟の民間アドバイザリーボードの座長、夜間の観光資源活性化に関する協議会の委員を務めるなど、各種規制緩和を含むルールメイキング、新規事業支援に注力している。

ルールメイキング

ナイトタイムエコノミーで実践した社会を変える方法論

2019年5月10日　初版第1刷発行

著　　者　齋藤貴弘
発 行 者　前田裕資
発 行 所　株式会社学芸出版社
　　　　　京都市下京区木津屋橋通西洞院東入
　　　　　電話075-343-0811
編　　集　宮本裕美（学芸出版社）
デザイン　佐々木暁
印刷・製本　モリモト印刷

ISBN978-4-7615-2706-8